KB071639

꿈을 꾸는 자가 이룬다

외국계가
더 쉬워

브랜든 · 곰선생 · 이전무 · 테리킴 · 에디켓 지음

CONTENTS

프롤로그

구글만 외국계야?

　외국계 기업이라 하면 보통 '구글, 아마존, 테슬라, 메타(페이스북), P&G, 로레알' 같은 일부 IT, 소비재 기업들 위주로 떠올리는데, 실제 국내에 진출한 외국계 기업은 14,000개가 넘고 세계 1,000대 기업으로만 한정하더라도 300개 이상의 기업이 국내에 들어와 있다. 대부분 업종별로 글로벌 리딩 기업들이지만, 안타깝게도 그 기업들에 대해 아는 사람들은 극히 드물다.

　그 이유가 국내에 들어온 외국계 기업은 대부분 B2B 형태이기 때문이며, 자동차, 금융, IT, 반도체, 2차전지, 산업재, 화학, 헬스케어, 소비재 등 주요 산업군에 대거 진출해 있지만, 우리는 대체로 소비재 브랜드 위주로만 인식을 하고 있기에 대중적으로 유명하지 않은 기업들에 대한 지원율 또한 매우 저조한 게 현실이다.

　그럼 우리가 잘 알지 못하는, 그런 숨어 있는 외국계 기업들은 얼마나 많이 있을까? 자동차를 하나의 예로 들면, 완제품인 자동차는 소비재로서 그 브랜드가 우리에게 친숙하지만, 자동차 하나를 만들기 위해 들어가는 부품은 대략 3만 개 정도이다. 그 부품들을 모두 현대, 기아차 등의 완성차 업체가 만드는 것이 아니라 각각의 협력사들이 만들어 공급한다. 대표적인 기업이 연 매출 100조 원에 육박하는 보쉬와 그 뒤를 잇는 덴소, 마그나, 콘티넨탈, 제트에프삭스, 발레오와 같은 굴지의 대기업들이며, 현대 기아 차의 주요 협력사 1, 2차 벤더의 수만 5,000개가량이 되며 핵심 부품 소재들은 높은 기술력을 가지고 있는 주요 외국계 기업들이 다수 공급하고 있다.

눈에 보이는 기업은 하나이지만 보이지 않는 기업의 수는 이렇게 많다. 이는 여러분이 관심을 가지는 소비재, IT 등으로 가도 마찬가지다. 포춘 500 글로벌 기업이라도 친숙하지 않은 제너럴밀스와 같은 기업은 공고를 내도 지원자가 거의 없었다. 필자의 조언으로 공고 옆에 요플레, 하겐다즈를 기입하면서 지원자 수가 많이 늘었다. 이것이 우리 구인, 구직의 현실이다.

외국 학생들과 취업에 대해 얘기를 나눈 적이 있다. 미주 유럽권의 학생들은 가고자 하는 산업과 직무를 먼저 정하고, 그 산업군 내 기업들을 리스트업하여 현재 자신의 수준에 맞는 기업들을 공략하여 경력을 쌓고 위로 점프하는 그림을 그린다고 한다. 반면에 한국의 취업 준비생들은 산업과 직무보다는 직관적으로 알 만한, 대중적으로 유명한 기업들을 중심으로 지원하려고 한다.

이미 평생직장이란 개념은 없어졌으며, 외국계 기업의 경우 통상 3~5년마다 이직을 하므로 직장보다는 산업과 직무가 무엇보다 중요하다. 동종 업계에서 경력을 충실히 쌓으면 자연스럽게 다음 레벨의 점프로 이어진다. 따라서 누구나 아는 외국계 기업만을 추구할 것이 아니라, 커리어를 쌓고자 하는 산업, 직무에 우선 진입하여 경력을 쌓아 나가는 것이 무엇보다 중요하다. 본서는 국내에 진출한 업·직종별 주요 외국계 기업과 그 준비 과정을 다룬 기본서이다.

2015년 현업 시절, 블로그를 시작으로 피플앤잡과 200회 이상의 크고 작은 외국계 기업 취업 팁 세미나와 20여 개 대학에서 강의를 하면서 만난 수천 명의 학생들을 인터뷰하고 지도하여 실제 외국계 기업의 취업으로 이어졌던 성과들을 기반으로 외국계 기업을 준비하는 사람들에게 도움이 될 만한 내용으로 책을 정리하였다. 처음 외국계 취업을 준비하는 학생 및 이직자들에게 시간과 비용을 아껴 줄 수 있는 하나의 길라잡이가 될 것이라 확신한다.

이번에는 책의 내용을 좀 더 구체적이면서 정확도를 갖추기 위해, 분야별 전문가와 함께했다. 국내 1위의 외국계 기업 전문 채용 사이트인 피플앤잡, 외국계 채용 경력만 20년이 넘는 세계 1위 HR 솔루션 기업의 이 전무님, 영문 이력서 전문 첨삭 스타트업인 에디켓, 그리고 세미나 초창기 참가자로 외국계 이직에 성공했고 이후 외국계 Top Tier 2차전지, 반도체 기업에서 HR 현업으로 있는 테리킴과 함께 작성하였다.

아무쪼록 본서를 바탕으로 원하는 곳에서 멋진 커리어를 쌓아 나가기를 바란다.

2023. 01.

브랜든

프롤로그 2

세상의 흐름이 빠르게 변화하는 것은, 인스타그램, 틱톡과 같은 SNS와 유튜브 등의 다양한 정보 채널이 늘어나면서 변화에 대한 동조화가 빨라졌기 때문이고, 취업 시장의 변화도 엄청나게 빠르게 일어나고 있다.

2020년 이후 취업 시장의 가장 큰 변화는 구인난이다. '일자리가 줄었다, 기업의 채용이 감소했다, 실업률이 늘었다'라고 하지만 기업들이 체감하고 있는 구인난은 크게 심화되었고 헤드헌팅 시장의 규모는 점점 더 커지고 있다. 기업들은 경력직 중심으로 회사의 업무를 감당할 수 있는 적정한 연봉의 인재를 채용하기를 원하지만, 구직을 하는 분들은 자신들의 스펙이나 역량, 평판도를 뛰어넘는 곳에 취업해서 자신의 가치와 연봉을 높이려고 하기 때문에 구인/구직 시장의 불일치가 과거 그 어느 때보다 커지고 있다.

신입의 경우에는 내가 취업하는 회사의 평판이나 브랜드를 자신의 가치로 평가하고 인식하기 때문에 삼성전자, LG, SK와 같은 대기업이나 구글, 아마존, 네이버, 카카오와 같은 곳에 취업을 원하고 있다. 인원수 100명도 안 되는 중소기업(회사의 인원수=회사의 가치)이나 매출 몇십억 대(매출의 크기=회사의 가치)익 회사에는 취업을 하려고 하지 않기 때문에 브랜드와 인원, 평판에서 '탑 티어'라고 인지되는 회사가 아니라면 구직자들의 이력서를 받는 것도 힘들어지고 있다. 해당 업계에서 모두가 추천하는 상위권 제약사들이나 화학사들도 지원하는 사람들이 감소하고 있고 헤드헌팅에 어려움을 경험하는 추세라서, 회사의 채용 시장 브랜딩에 대한 고민이 많다.

이러한 추세를 가장 잘 보여 주는 질문이, "서울 소재 명문대 경영학과를 졸업했는데 신입 연봉으로 5천 이상을 받아야 합니다. 그러한 회사를 소개해 주세요."라는 것이다. 회사, 직무나 커리어에 대한 것보다는 자신의 SPEC이 이 정도가 되니 일정 수준 이하의 연봉은 받을 수 없다는 인식이 최근 몇 년 사이에 보편화되었다. 그러나, 회사에 취업하려는 구직자분들이 가지고 있는 생각의 많은 부분은 '○○할 거야'라는 취업 카페나 SNS의 근거 없는 추측과 정보에 기반을 두고 있기 때문에 그러한 부분이 현실의 취업 시장과 다르고, 구인/구직에 바르지 못한 접근법을 확산하고 있다.

신입이나 경력직의 경우 이직에 대한 거부감이 크게 줄어든 것도 중요한 트렌드이다. 회사를 선택하는 기준이 '평생직장'이 아니라, '이직을 위한 사다리'라는 것이 특징이고, 이직에 좋은 대기업, 큰 회사, 평판이 좋은 회사를 최우선으로 한다. MZ세대의 '조용한 퇴사'의 배경에는 평생직장이 없어지고 나를 중심으로 하는 회사 생활이라는 특징이 있어서, 입사 후 3년 이내의 이직이 50%에 가까운 시대가 됐기 때문에, 회사들도 이러한 시대에 맞춰서 인력 운용을 해야 한다고 한다.

한마디로 규정하기는 복잡하고 어려운 이러한 취업 시장의 변화는 구인하는 분들과 구직하는 회사를 더 힘들게 하고, 취업 플랫폼 회사들이나 헤드헌터들을 혼란스럽게 하고 있지만, 내가 바르게 중심을 잡고 성실하게 노력한다면 원하는 것을 얻을 수 있다는 기본은 변화가 없으므로, 구직하는 분들이 이 책을 통해서 원하는 것을 성취하기를 바란다.

2023. 01.

곰선생

Chapter 1

외국계 기업에 대한
일반적인 **오해**와 **문화**

1. SPEC 점수로 합격하나요?

2년 전쯤 구글 코리아, 마이크로소프트 코리아 HR 임원들과 외국계 기업 취업을 위한 포럼을 함께한 적이 있다. 여기서 스펙, 특히 학벌에 대한 이야기가 나왔는데 포럼 참가자들의 공통적인 의견은 '학벌은 참고용이다' 였다. 학벌만으로는 채용하지 않는다는 이야기였는데. 외국계를 경험한 입장에서는 자연스런 것이었지만, 온라인으로 참여했던 많은 분이 충격을 받은 듯한 반응이었다.

앞으로도 같은 맥락으로 계속 얘기하겠지만, 외국계 기업이 가장 중요하게 생각하는 스펙은 '직무 경험'이다. 주로 '수시 채용'이고 뽑아서 바로 실전에 투입할 수 있는 인재는 직무 경험을 통한 실전 역량을 갖춘 사람이기 때문이다. 그래서 서류 단계에서 가장 중요하게 보는 부분이 지원하는 직무와 관련된 경험에 대한 부분이다. 필자가 채용을 진행했던 업계 세계 1위의 한 외국계 소비재 기업의 마케팅 경력 포지션에 두 명의 후보자를 추천했었다.

A: 국내 최고 대학 출신 3년 차 마케터

B: 지방대 출신 3년 차 마케터

결과는 A는 서류 탈락, B가 최종 합격했다. 그 소비재 기업에서 요구하는 조건은 3년 차 마케팅 경력 중 '마케팅 ○○툴 사용 경험 우대'였는데, A는 그 경험이 없었고, B는 있었다. 외국계 기업의 채용 포인트를 단적으로 잘 보여 주는 예이다. 좋은 학벌이 기본 요건인 일부 최상위권 컨설팅, 금융 계열 기업들이 있긴 하나, 그 비중은 전체 기업 중 미미하므로 본서에서는 논외로 하겠다.

2. 완벽한 영어, 고득점? NO

영어로 대화할 수 있는 역량! YES

"영어를 네이티브처럼 잘해야 외국계에 갈 수 있지 않나요?"

"토익 900 이상은 되어야 서류 통과가 되지 않을까요?"

이런 질문들을 많이 하는데, 통상적으로 지원하는 직무, 조직 구성에 따라 요구되는 영어 수준이 각기 다르다.

① 상사가 외국인이거나, 해외 본사 및 지사와 긴밀하게 소통을 해야 하는 직무는 준 네이티급의 실력을 요구한다.

→ 어학원 기준 최고 등급인 Advanced level 이상

② 상사가 한국인이고, 주로 국내 고객 대상으로 한국어 업무 위주로 하면서 가끔 해외와 업무상 소통을 하는 경우. 기본적인 비즈니스 회화와 영어 e-mail이 가능한 수준의 실력을 요구한다.

→ 어학원 기준 intermediate level~upper intermediate level

외국계 기업은 토익, 오픽 등의 영어 점수보다는 실제 영어 실력을 중요시한다. 비즈니스 회화 실력은 있는데, 그에 준하는 점수가 나오지 않는 경우 직무에 따라 이력서에 영어 점수 대신 '비즈니스 회화 가능'이라 써도 경험상 서류 통과에 큰 무리는 없다. 토익 고득점자이지만 영어 면접에서 실제 실력이 그에 부합하지 못하는 경우를 회사는 많이 봤기에 영어 점수는 참고용으로 활용하고 실제 실력은 면접에서 확인한다.

외국계 기업은 Hiring manager(지원하는 직무의 채용 결정권자)의 의사가 채용 결정에 가장 큰 영향을 미치는데, 이력서상 토익, 오픽의 성적이 높다 하더라도 영어 점수는 참고용으로 활용하고 실제 면접에서 Hiring manager가 외국어 역량을 직접 확인한 뒤에 그 실력을 판단한다. 토익 고득점자이지만 영어 면접에서 실제 실력이 그에 부합하지 못하는 경우를 회사는 많이 봤기에 외국계 기업은 토익, 오픽 등의 영어 성적보다는 실제 영어 실력을 중요시한다.

따라서 해외 영업과 같이 외국어 역량이 매우 중요한 포지션을 제외하면, 세세한 문법이나 원어민 같은 표현력보다는 면접관의 외국어 질문의 요지를 정확히 이해하고 본인의 의사를 그에 맞게 답변할 수 있을 만한 영어 역량을 갖추는 것이 중요하다.

그렇기에 일정 정도의 수준까지는 본인의 생각을 외국어로 즉각적으로 말하고 표현할 수 있는 수준이 되어야 하며, 이를 위해 꾸준한 외국어 학습이 필요하다. 외국어 학습에 다양한 방법이 있겠지만 취업의 관점에서는 아무래도 외국어 말하기 시험을 치르면서 외국어 역량을 향상시키는 것이 좋다. 그 이유는 최근 영어 말하기 시험의 난이도가 많이 올라 과거와 같이 Template을 외워서 좋은 성적을 낼 수 없는 형태가 되었기 때문에, 외국어 말하기 시험을 통해서도 영어 실력을 쌓을 수 있고 외국어 성적(일부 외국계는 국내 기업과 마찬가지로 외국어 성적을 이력서 평가의 주요 요소로 삼기도 한다.)도 취득할 수 있는 일석이조의 효과를 거둘 수 있기 때문이다.

비즈니스 회화 실력은 있는데, 그에 준하는 점수가 나오지 않는 경우 직무에 따라 이력서에 영어 점수 대신 '비즈니스 회화 가능'이라 써도 경험상 서류 통과에 큰 무리는 없다.

3. 인턴, 파견직, 계약직이 경력에 도움이 안 된다고요?

　부모님 세대의 계약직이라면, 그 계약직만의 업무가 정해진 경우가 많았다. 주로 단순 반복적인 사무 보조 역할 정도였는데, 외국계 기업의 경우는 계약직이라 하더라도 하는 일은 정규직과 동일하며 고용 형태만 계약직인 경우가 대부분이다. 심지어 요즘에는 인턴도 바로 정규직과 같은 실무에 투입하는 추세다. 따라서 경력직으로 채용할 때 인턴, 계약직도 경력으로 인정해 주는 게 일반적이다.

　통상 3년 차 이하 포지션은 계약직 채용이 많으며, 기간은 보통 6개월~1년 정도이다. Job description(직무명세서)을 보면 하는 일이 소위 잡무만 하는 경력에 도움이 되지 않는 일인지, 일반 정규직과 동일한 포지션에 고용형태만 계약직인지 읽어 보면 알 수 있다. 신입의 경우 바로 정규직의 기회가 잘 주어지지 않기에, 원하는 직무 산업군의 기업이라면, 경력을 쌓기위해 인턴, 파견, 계약직이라도 진입해서 경험을 쌓는 것을 권한다. 또한, 인턴, 파견직, 계약직이라도 직무상 많이 배울 수 있는 직무라면 향후 커리어 관리를 고려하여 최소 1년 단위로 업무를 수행하는 게 좋다.

　계약직으로 들어가더라도 그동안 직무 역량을 인정받아서 계약 기간 내에 정규직으로 전환된다든지, 퇴사 이후에 정규직 포지션이 오픈되었을때 연락을 주는 경우가 많으니, 입사해서 능력을 인정받을 수 있도록 열심히 하는 것이 무엇보다 중요하겠다.

4. 대기업 출신만 외국계에 이직할 수 있나요?

중소기업 출신이 더 잘해요

일반적으로 기업 규모가 크면 하나의 직무만 수행하는 스페셜리스트, 기업 규모가 작으면 여러 직무를 겸직하는 제너럴리스트로 성장하게 된다. 한국에 진출한 외국계 기업의 한국 법인/지사의 규모는 대부분 1,000명 이하로 한국의 중소기업 혹은 중견기업 수준의 규모이다.

따라서 여러분들이 기대한 것보다 외국계 회사의 교육 체계 및 업무 체계가 부족한 경우가 많아, 실무 경험을 통해 여러 업무를 순간 대응하여 처리해야 하는 경우가 많이 생긴다. 그렇기에 모두 일반화할 수 없지만 대체적으로 절차와 메뉴얼을 기준으로 업무를 처리해 온 대기업 직원보다 오히려 중소기업 출신이 외국계 기업에 잘 정착하는 경우도 많다.

5. 겨우 5명짜리 회사를 가라고요?

4년 전에 한 출판사에서 연락이 왔었다. 필자가 주장하는 '알려지지 않은 알짜 기업'에 대해 소개하는 책을 쓰자고 해서 초고를 전달했다. 가장 처음 소개한 회사가 아래의 회사인데, 그 회사를 보고 바로 이렇게 피드백이 왔다.

"아니, 설립한 지 몇 년밖에 안 됐고 직원도 현재 5명인데, 이런 회사를 어떻게 추천해 줄 수 있습니까? 이런 스펙의 회사를 소개하면 책을 쓰고도 욕먹습니다."

나는 이렇게 반박했다.

"업계 세계 1위의 회사이고 한국에 진출한 지 몇 년밖에 되지 않았다면 앞으로 성장 가능성이 매우 높습니다. 글로벌로도 그랬듯이 한국 시장도 곧 장악할 것이고, 그렇게 되면 향후 몇 년 내로 외국계 기업 평균 이상인 100~200명 수준으로 올라갈 것입니다."

이렇게 나름 자세히 설명한다고 했는데, 기존 관념 때문인지 필자를 못 믿는 것인지 최종적으로 진행이 되지 않았었다. 그로부터 4년 뒤인 현재,

그 회사는 어떻게 되었을까?

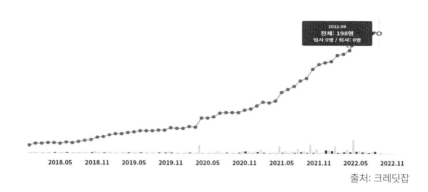

2022.09
전체: 198명
입사 0명 / 퇴사: 0명

| 2018.05 | 2018.11 | 2019.05 | 2019.11 | 2020.05 | 2020.11 | 2021.05 | 2021.11 | 2022.05 | 2022.11 |

출처: 크레딧잡

어떤 회사일까? 아래는 시가 총액 기준 글로벌 Top 8 Software 기업들이며, 이 중 하나이다.

Largest software companies by market cap
companies: 355   total market cap: $8.274 T ✏ ⬆

Rank by Market Cap   Earnings   Revenue   P/E ratio   Dividend %   Operating Margin   Employees

Rank		Name		Market Cap	Price	Today	Price (30 days)	Country
	1	🍎	Apple AAPL	$2.294 T	$144.22	▲ 2.63%		🇺🇸 USA
	2	⊞	Microsoft MSFT	$1.802 T	$241.76	▲ 2.32%		🇺🇸 USA
	3	G	Alphabet (Google) GOOG	$1.244 T	$96.25	▲ 1.38%		🇺🇸 USA
	4	◯	Oracle ORCL	$219.44 B	$81.39	▲ 1.61%		🇺🇸 USA
⌃ 1	5		Salesforce CRM	$153.68 B	$153.69	▼ 0.22%		🇺🇸 USA
⌄ 1	6	A	Adobe ADBE	$152.93 B	$328.97	▲ 1.59%		🇺🇸 USA
	7	IBM	IBM IBM	$131.02 B	$146.18	▲ 1.48%		🇺🇸 USA
	8	SAP	SAP SAP	$126.31 B	$108.00	▲ 2.39%		🇩🇪 Germany

출처:companiesmarketcap.com

아마도 책을 읽는 여러분들 중 대부분이 한 번도 들어본 적 없는 기업일 것이다.

상기의 사례는 2018년, 2019년 연속으로 구글을 제치고 GPTW 선정 세계 최고의 직장 1위로 꼽힌 적이 있으며, 2020년 Slack 협업 툴을 인수해서 더 넓은 영역으로 제품 라인업을 넓힌 Salesforce라는 회사의 한국지사 이야기이다.

위의 사례 외에도 세계 최고의 생명공학의 기업인 암젠 코리아도 불과 7년 만에 직원 약 160명에 매출액 약 1,491억을 달성했고(2021년 12월 31일 기준) 이는 한국에 진출한 제약/바이오 회사 중에서 매우 드문 성공 케이스지만, 이러한 사례는 산업군별로 적지 않다. 당장의 회사의 규모나 평판, 매출을 보는 것보다 산업에서의 위치, 성장성, 글로벌 전체 규모와 국내에서의 비전 등을 살펴본다면, 지금 막 들어온 외국계 기업들은 여러분들의 커리어 성장에 로켓이 될 수도 있을 것이다.

6. 외국처럼 수평적인 조직 문화일까요?

전체 외국계 회사로 일반화하기에는 무리가 있지만, 필자의 외국계 회사 경험과 주변 경력자들의 얘기를 또 듣고 종합해 보면 대다수의 외국계 기업의 문화는 아래와 같은 공통점이 있는 것 같다. 물론 회사와 산업군, 그리고 부서, 구성원마다 다를 수 있으므로 기본적인 그 분위기에 대해 참고만 하는 것이 좋을 것 같다.

A. 정시 출퇴근 _ 칼퇴근, 필요하면 유연하게 출/퇴근하죠?

보수적인 국내 기업들의 경우는 아직까지도 눈치를 보며 상사보다 일찍 출근하고 늦게 퇴근하기도 한다. 하지만 대부분의 외국계 기업은 상사가 있든 없든 출근 시간에 출근하고, 퇴근 시간이 되면 퇴근하는 게 당연한 문화다. 단, 그렇게 하기 위해 업무 시간에 집중해서 하는 것 또한 당연하다. 만일 상사가 자기가 퇴근 전인데 부하 직원이 급한 업무도 없고 퇴근 시간이 되어 퇴근하는데, 퇴근 자체로 면박을 주면 아마 그 상사는 그날로 왕따가 될지도 모른다.

대체로 외국계 기업은 업무 시간이 끝나면 PC 제어를 하는 PC OFF 제도 혹은 개인의 필요에 따라 출퇴근 시간을 조정하는 유연근무제도, 그리고 재택근무 등 임직원의 워라밸을 충족시키려는 다양한 제도를 운영하고 있는 기업이 많은 편이다.

B. 야근? _ 그건 내가 판단합니다

외국계 기업의 R&R은 개인적으로 명확히 구분되어 있기 때문에, 철저히 본인 일은 본인이 알아서 처리한다. 야근 또한 본인 판단하에 필요하면 하는 것이지, 누군가의 강요, 눈치에 의해 하지 않는다. 만일 적정업무가 배부되었음에도 야근을 자주 한다면 국내 기업과 달리 업무를 비효율적으로 한다거나 역량이 부족하다는 인식으로 비칠 수도 있다.

C. 휴가 _ 왜 휴가를 보고해야 하죠?

과거 국내 거래처 직원이 휴가 사용 1~2주 전에 보고하고 승인받는다는 얘기를 듣고 깜짝 놀랐던 적이 있었다. 그것도 휴가 사유에 대해서 디테일하게 작성을 해야 하고 때론 반려가 되기도 한단다. '아니, 자기 일 자기가 알아서 하고 있는 휴가 알아서 쓰겠다는데, 왜 승인을 받아야 하지?' 외국계 기업은 개인 휴가 사용에 대해선 당연한 권리라 생각하기에 보고, 승인 개념보다는 본인의 휴가 일정에 대한 상사를 포함한 업무 관계자들에게 공유 차원에서 알리는 정도라 생각을 한다.

따라서 회사에 피치 못할 사정이 있는 것이 아니라면, 휴가에 대한 반려는 없고 하루 이틀 전에 휴가원을 제출해도 문제는 없다. 보통 하루 이틀짜리 휴가는 주말을 끼워 쉬고, 일 년에 한 번 정도는 1~2주 정도 몰아서 휴가를 사용하기도 한다. 그리고 회사 차원에서도 여름휴가 시즌인 8월 초 전후와 크리스마스 전후에 일괄적으로 1주일 정도 휴가를 장려하는 회사도 있다.

D. 회식 _ 강요 X, 2차는 어느 나라 이야기인가요?

국내 기업에서 이직을 해 오신 분들은 회식을 하면 당연히 2~3차를 간다고 생각하고 거기에 익숙해져 있는데, 1차만 하고 대부분 끝을 내니 더 달리고 싶은 분들에겐 좀 심심할 순 있다. 보통 회식 시작 시간은 퇴근 직후이고 (필자의 전전 회사는 회식 시작 시간이 6시라 그때까지 회식 장소에 도착해 있어야 했다.), 끝나는 시간은 8시 정도라 마치고 집에 가서 씻고도 자기만의 시간을 가질 수 있다.

당일 회식은 거의 없는데, 팀장님이 당일 오후에 "팀원들 오늘 회식 어때?"라고 한다면, 그분은 아마 왕따가 될지도 모르겠다. 대체적으로 외국계 기업은 회식하는 날 개인 사정이 있다면 말하고 당당히 빠져도 별로 상관하지 않는 분위기다.

E. 재택근무 _ 꼭 회사에서만 일할 필요 있나요?

코로나 이후에 대부분 외국계 회사는 대면근무를 하는 직무를 제외하고는 재택근무를 시행하고 있다. 재택근무도 완전 재택근무, 반 재택근무, 또는 주 3일은 의무적으로 재택근무 지정 등 기업의 업종별로 맞게 정착하는 상황이다. 즉, 국내 기업인 경우에는 일부를 제외하고 대부분 대면근무를 선호하지만, 외국계 기업은 그 반대이다. 이것은 글로벌 기업은 대부분 업무의 지원 시스템이 잘되어 있고, 직원의 워라밸도 중요한 가치로 여기는 경우가 많기 때문이다.

어떻게든 업무 효율만 유지된다면 재택이든 대면이든 크게 상관하지 않는 분위기다. 또한, 직원은 사무실 통근 시간을 절약하고 업무의 몰입도를 높일 수 있다. 회사와 거주지와의 통근 시간에 고민 중이거나 자유로운 분위기에서 일하기를 원하는 취준생 및 이직자들에게는 외국계 회사가 메리트가 될 수 있다.

F. 개인주의 _ 퇴근 후에 톡은 안 보죠

역할 분담이 명확해서 서로 자기 일을 하느라 바쁘고, 남의 일에 관여하거나, 자기 일에 남이 관여하는 것을 무례하다고 생각한다. 개인적인 친분은 커피 마시거나 밥 먹을 때 위주로 가지고, 일과는 철저히 분리되는 분위기다. 그리고 개인사에 대해 잘 묻지도 않고 선을 넘지 않으려 한다. 업무 외 시간에는 부득이한 경우를 제외하고는 카톡, 메일은 하지 않는다. 너무 차갑게 느껴질 수도 있으나, 일 외의 인간관계에서 오는 피로는 덜한 편이다.

그렇다고 업무 시간 이외의 톡을 전혀 안 봐도 된다는 것은 아니다. 업무 시간 이외의 시간에 전화나 톡을 하는 것은 긴급한 연락이 필요하거나 반드시 처리해야 하는 업무가 있을 수 있기 때문이다. 외국계는 업무 시간 이외에는 연락을 안 받아도 된다고 생각하고 해외 출장 중인 대표님의 연락을 받지 않았다가 문제가 되는 경우도 실제로 있었다. 한 신입 사원이 주말에 사장님의 톡에 대응하지 않고, 월요일이 돼서 회신을 주는 등의 행위를 몇 차례 한 후 수습 기간 중 해고된 사례가 있었다.

G. 무늬만 외국계인가요?

시작부터 한국 기업이었지만 외국 자본에 의해 인수되어 회사명이 ○○○ 코리아로 바뀐 경우, 사람들은 그대로인 상태에서 회사명만 바뀐 경우라 그 이전 회사의 문화는 거의 그대로인 경우가 많다. 혹은 외국계라고 해도 흔히 생각하는 미국, 유럽계 회사가 아닌 일본, 중국, 동남아 등 다양한 국적의 회사가 있을 수 있으며 해당 국가의 문화의 영향을 받아 외국계 회사에 기대하는 수평적이고 자유로운 커뮤니케이션을 하는 분위기가 아닐 수도 있다.

이런 기업에 입사할 경우 '무늬만 외국계'라는 소리를 하게 된다. 그럼에도 꾸준히 성장하는 기업이라면 다양한 국적의 인재가 모이게 되고 글로벌 스탠다드를 추종하여 기업 문화 역시 우리가 기대하는 외국계 기업의 문화로 어느 정도는 발전하게 된다. 당장의 기업 문화가 기대에 못 미친다고 퇴사하는 것보다는 2~3년 뒤에 점프할 미래를 보고 필요한 직무, 산업 경력을 쌓는 것이 더 중요하리라 생각한다.

H. 수평 문화 _ 언제든 의견을 내죠?

신입 인턴 또는 신입 사원도 직속 상사에게, 더 나아가서 CEO에게도 자유롭게 의견을 내기도 하고, 좋은 아이디어는 회사 정책 및 제도에 반영하기도 한다. 또한, 회사에서는 MZ세대들이 직속 상사들과의 세대 차이 및 거리를 좁혀 주기 위해서 서로 간의 호칭도 영어 닉네임으로 부르기도 하고, ○○○ 님, ○○○ 매니저라고 호칭하는 것을 제도화시키는 추세다.

I. 평등주의 _ 유리천장[1] 유리천장은 없어요

외국계 회사는 여성 임원 및 CEO들도 많고, 나이가 젊어도 역량과 능력이 있으면 누구나 임원이 될 수 있다. 2021년 8월 여가부의 "성별임원 현황조사(한국에 상장된 2,246개 회사 조사)"에서 한국의 여성 임원 비율이 5.2%에 불과하다고 한다. 그러나 외국계 회사의 여성 임원 비율은 국내 회사 대비 훨씬 상회한다.

J. 성과주의 _ 신입도 억대 연봉 가능하죠?

외국계 회사의 영업직군은 산업군별 차이는 있지만, 신입 억대 연봉자를 배출하기도 한다. 연봉 기준이 Fixed Salary(고정 연봉)보다는 Variable Salary(인센티브/성과급)가 높기 때문이다. 영업에 자신이 있는 사람이라면 도전해 볼 만하다. 또한, 영업을 5년 전후 경험하면 마케팅, 영업 관리 등으로 내부 직무 전환 시에도 유리하다.

K. 조직 문화 _ 글로벌 마인드를 배울 수 있다

외국계 회사는 본사 국가들의 선진 경영 기법 및 조직 문화를 접할 수 있고 다양한 국가의 인재들과 소통하면서 자연스럽게 글로벌 마인드를 가질 수 있다.

---

[1] 충분한 능력을 갖춘 구성원, 특히 여성이 조직 내의 일정 서열 이상으로 오르지 못하게 하는 '보이지 않는 장벽(Invisible barrier)'을 표현한 말.

즉, 대부분의 한국 지사들의 조직 구조가 매트릭스 구조[2]로 되어 있고 본사 및 해외 지사의 다양한 국가의 직원들과 업무 소통을 할 경우가 많다. 또한, 직무에 따라서 영어 사용 환경에 노출되어 영어 실력도 향상된다.

L. 그래도 남아 있는 보수적인 조직 문화

지금까지 한 얘기들을 보면 외국계 기업은 국내 기업에 비해 아주 수평적이라 느낄 수 있다. 국내 기업에서 처음 외국계로 이직해 온 분들은 대부분 그렇게 느끼지만, 처음부터 외국계로 바로 들어온 신입들은 그 느낌이 덜한 것 같다. 본사의 문화를 받아들여서 그에 맞게 근무 환경과 분위기는 조성되지만, 일하는 대부분이 한국인이기에 한국 사람들만의 보이지 않는 보수적인 문화도 상당 부분 녹아 있다.

가령, 외국인 대표 마이클에게 "Hey, 마이클." 할 순 있지만, 한국인 상사 '김 부장'에게 "어이, 김 부장." 할 순 없는 것처럼 한국 사회의 기본 예의는 지키면서 생활한다.

---

2) 매트릭스 구조: 개인은 두 명의 상급자에게 업무 지시를 받고 보고한다.
　　[ex] 한국 지사의 매니저 또는 임원, 해당 직무에 대한 글로벌 본사 임원

Chapter 2

외국계 기업 **현황**

1. 국내 진출한 외국계 기업 수

주한외국계기업협회(KOFA)가 2022년 10월에 발표한 〈주한 외국기업 백서〉에 따르면 국내에 진출한 외국계 기업 현황은 아래와 같다. 주요 외국계 기업 1,000개 중 실태 조사에 참여한 136개 기업의 응답 내용을 토대로 살펴보자.

- · 외국계 기업 수: 14,900여 개
- · 국내 전체 기업의 약 5.6%
- · 100인 이상 기업: 56%
- · 매출 2,000억 이상: 35%
- · 본사: 유럽 49%, 아시아 27%, 북미 22%
- · 지사 위치: 수도권 75%(서울 49%, 경기 26%)
- · 업종별: 자동차부품제조업 17%, 도소매 14%, IT 9%, 반도체 9% 일반제조 9%
- · 기업 형태: 자회사 49%, 합작 법인 29%, 연락 사무소나 지점 22%
- · 연봉: 1~3년 차 사원 평균 3,000~4,500만 원

자료 출처: 주한외국계기업연합회(KOFA)

필자가 조사한 내용과는 다소 차이를 보이는데, 어디까지나 참고 정도로 활용을 하면 좋겠다.

2. 세계 100대 브랜드 외국계 기업 현황

2020년 이후 취업을 준비하는 사람들이 중요하게 생각하는 포인트가 회사 또는 제품의 브랜드이다. 글로벌 브랜드 컨설팅 그룹인 인터브랜드(Interbrand)에서 매년 글로벌 탑 100 브랜드를 발표하고 있으며, 2022년의 상위 20개 브랜드는 다음과 같다.

2022 Best Global Brands(출처: 인터브랜드, https://interbrand.com/best-brands/)

Top 100 전체 중 국가별로는 미국이 50개로 가장 많고 그다음 독일, 프랑스, 일본, 한국 순이다.

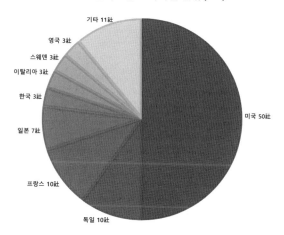

TOP 100 인터브랜드 국가별 분류('22)

- 기타 11社
- 영국 3社
- 스웨덴 3社
- 이탈리아 3社
- 한국 3社
- 일본 7社
- 프랑스 10社
- 독일 10社
- 미국 50社

세계 100대 브랜드의 가치 총합은 3조 900억 달러(USD)에 해당하며, 마이크로소프트가 아마존을 넘어서 2등으로 올라갔다. 줌과 우버는 브랜드 100에서 탈락했으며, 에어비앤비(#54), 레드불(#64), 샤오미(#84)가 새로 진입했다. 글로벌 TOP 5 브랜드는 모두 Tech 리더들이며, 매일의 일상에서 만나게 되는 제품군을 가지고 있다.

인터브랜드 세계 100대 기업 기준으로 2022년 12월 말 국내에 진출해 있는 외국계 기업에 대해 살펴보자.

A. 한국 지사 기준 현황

- · 진출 기업: 92개
- · 법인 설립: 113개
- · 법인 소재지: 서울 94%
- · 평균 직원 수: 694명 (최소 3명, 최대 18,981명)
- · 평균 매출액: 6,862억 원 (최소 17억 원, 최대 약 7조 원)
- · 평균 입사율: 32%
- · 평균 퇴사율: 28%
- · 평균 업력: 22년 (최단 2년, 최장 55년)

B. 국가별 현황

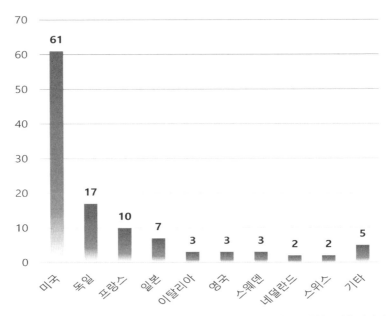

*총 113개 한국 진출 법인 기준

C. 산업별 현황

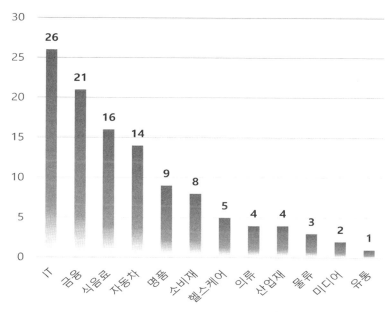

*총 113개 한국 진출 법인 기준

D. 진출 지역별 현황

*총 113개 한국 진출 법인 기준

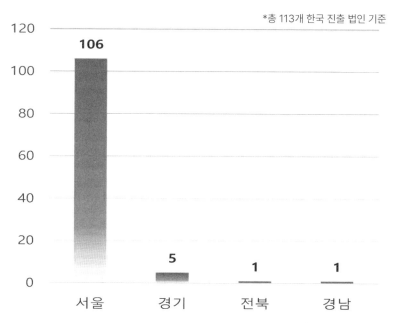

E. 상세 지역별 현황(시, 군, 구)

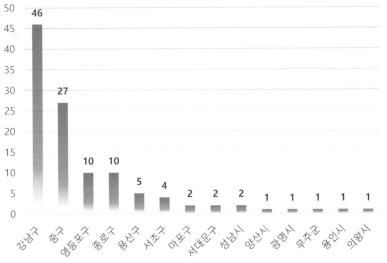

*총 113개 한국 진출 법인 기준

3. 100대 브랜드 외국계 기업 한국 지사 리스트

순위	브랜드	한국지사	본사	업종	지역
1	Apple	애플 코리아	미국	IT	서울
2	Microsoft	한국마이크로소프트	미국	IT	서울
3	Amazon	아마존웹서비스 코리아	미국	IT	서울
		아마존코퍼레이트서비시즈	미국	IT	서울
4	Google	구글 코리아	미국	IT	서울
6	Toyota	한국토요타자동차	일본	자동차	서울
7	Cocacola	코카콜라음료	미국	식음료	경남
		한국코카콜라	미국	식음료	경기
8	Mercedes Benz	메르세데스벤츠 코리아	독일	자동차	서울
		메르세데스벤츠 파이낸셜서비스 코리아	독일	금융	서울
		메르세데스벤츠 모빌리티 코리아	독일	자동차	서울
9	Disney	월트디즈니 컴퍼니 코리아	미국	미디어	서울
10	Nike	나이키 코리아	미국	의류	서울
11	Mcdonalds	한국맥도날드	미국	식음료	서울
12	Tesla	테슬라 코리아	미국	자동차	서울
13	BMW	비엠더블유 코리아	독일	자동차	서울
		비엠더블유파이낸셜 서비스 코리아	독일	금융	서울
14	Louis Vuitton	루이비통 코리아	프랑스	명품	서울

순위	브랜드	한국지사	본사	업종	지역
15	Cisco	시스코시스템즈 코리아	미국	IT	서울
16	Instagram	페이스북 코리아	미국	IT	서울
17	Facebook	페이스북 코리아	미국	IT	서울
18	IBM	한국아이비엠	미국	IT	서울
		한국아이비엠 테크니컬솔루션	미국	IT	경기
		한국아이비엠 글로벌파이낸싱대부	미국	금융	서울
19	Intel	인텔 코리아	미국	IT	서울
20	SAP	에스에이피 코리아	독일	IT	서울
21	Adobe	한국어도비시스템즈	미국	IT	서울
22	Chanel	샤넬 코리아	프랑스	명품	서울
23	Hermes	에르메스 코리아	프랑스	명품	서울
24	Jpmorgan	제이피모간체이스은행 서울지점	미국	금융	서울
		제이피모간증권회사	미국	금융	서울
		제이피모간자산운용 코리아	미국	금융	서울
		제이피모간투자자문 코리아	미국	금융	서울
25	Youtube	구글 코리아	미국	IT	서울
26	HONDA	혼다 코리아	일본	자동차	서울
27	American Express	아메리칸익스프레스인터내셔널	미국	금융	서울
28	IKEA	이케아 코리아	스웨덴	유통	경기
29	UPS	유피에스씨에스 코리아	미국	물류	서울
30	GUCCI	구찌 코리아	이탈리아	명품	서울

순위	브랜드	한국지사	본사	업종	지역
32	Pepsi	한국펩시콜라	미국	식음료	서울
33	GE	GE 코리아	미국	산업재	서울
		한국지이초음파	미국	헬스케어	경기
34	Allianz	알리안츠글로벌코퍼레이트앤 스페셜티에스 한국지점	독일	금융	서울
36	Salesforce	세일즈포스 코리아	미국	IT	서울
37	VISA	비자 인터내셔널 아시아 퍼시픽	미국	금융	서울
38	Paypal	페이팔 코리아	미국	IT	서울
39	Sony	소니 코리아	일본	IT	서울
40	Netflix	넷플릭스서비시스 코리아	미국	미디어	서울
41	Mastercard	마스타카드인터내셔널 코리아	미국	금융	서울
42	Adidas	아디다스 코리아	독일	의류	서울
43	AXA	악사손해보험	프랑스	금융	서울
44	Budweiser	OB맥주 (AB 인베브)	미국	식음료	서울
45	Nescafe	네슬레 코리아	스위스	식음료	서울
46	Audi	폭스바겐그룹 코리아	독일	자동차	서울
47	Zara	자라리테일 코리아	스페인	의류	서울
48	Volkswagen	폭스바겐그룹 코리아	독일	자동차	서울
		폭스바겐파이낸셜서비스 코리아	독일	금융	서울
49	Goldmansachs	골드만삭스증권회사서울지점	미국	금융	서울
50	Ford	포드세일즈서비스 코리아	미국	자동차	서울
51	Starbucks	스타벅스커피 코리아(신세계)	미국	식음료	서울

순위	브랜드	한국지사	본사	업종	지역
52	Pampers	한국피앤지판매	미국	소비재	서울
53	Porsche	포르쉐 코리아	독일	자동차	서울
		포르쉐파이낸셜서비스 코리아	독일	금융	서울
54	Airbnb	에어비앤비 코리아	미국	IT	서울
55	Siemens	지멘스	독일	산업재	서울
		지멘스인더스트리소프트웨어	독일	IT	서울
		지멘스헬시니어스	독일	헬스케어	서울
56	H&M	에이치앤엠헤네스앤모리츠	스웨덴	의류	서울
57	Citi	한국씨티은행	미국	금융	서울
58	Loreal	로레알 코리아	프랑스	소비재	서울
59	Philips	필립스 코리아	네덜란드	헬스케어	서울
60	ebay	이베이 코리아(신세계그룹)	미국	IT	서울
61	Nissan	한국닛산	일본	자동차	서울
62	HP	에이치피 코리아	미국	IT	서울
63	LEGO	레고 코리아	덴마크	소비재	서울
64	RebBull	레드불 코리아	오스트리아	식음료	서울
65	HSBC	HSBC	영국	금융	서울
66	Morgan Stanley	모건스탠리 프라이빗에쿼티 매니지먼트 코리아	미국	금융	서울
		모간스탠리은행서울지점	미국	금융	서울
		모간스탠리인터내셔날 증권회사 서울지점	미국	금융	서울
67	Nestle	네슬레 코리아	스위스	식음료	서울

순위	브랜드	한국지사	본사	업종	지역
68	Nintendo	한국닌텐도	일본	IT	서울
69	3M	한국쓰리엠	미국	산업재	서울
70	Spotify	스포티파이 코리아	스웨덴	IT	서울
71	Gillette	질레트 코리아	미국	소비재	서울
73	Danone	풀무원다논	프랑스	식음료	전북
74	Cartier	리치몬트 코리아	프랑스	명품	서울
75	Ferrari	FMK (딜러)	이탈리아	자동차	서울
77	Dior	크리스챤디올꾸뛰르 코리아	프랑스	명품	서울
78	Kellogg	Kellogg Korea	미국	식음료	서울
79	Fedex	펙덱스 코리아	미국	물류	서울
80	Corona	OB맥주 (AB 인베브)	벨기에	식음료	서울
82	DHL	디에치엘 코리아	미국	물류	서울
83	Caterpillar	캐터필라아시아 리미티드 한국지점	미국	산업재	서울
85	Jack Daniels	한국브라운포맨	미국	식음료	서울
86	Huawei	한국화웨이기술	중국	IT	서울
88	Tiffany & Co	티파니 코리아	미국	명품	서울
89	Prada	프라다 코리아	이탈리아	명품	서울
90	Hewlett Packard	한국휴렛팩커드	미국	IT	서울
		휴렛팩커드 파이낸셜서비스대부	미국	금융	서울
91	Panasonic	파나소닉 코리아	일본	소비재	서울

순위	브랜드	한국지사	본사	업종	지역
92	Johnson & Johnson	한국얀센	미국	헬스케어	서울
		한국존슨앤존슨메디칼	미국	헬스케어	서울
		한국존슨앤존슨판매	미국	소비재	서울
		한국존슨앤드존슨	미국	소비재	서울
93	Hennessy	모엣헤네시 코리아	프랑스	식음료	경기
94	KFC	케이에프씨 코리아	미국	식음료	서울
95	Heineken	하이네켄 코리아	네덜란드	식음료	서울
96	Burberry	버버리 코리아	영국	명품	서울
97	Canon	캐논 코리아비즈니스솔루션	일본	IT	서울
98	Landrover	재규어랜드로버 코리아	영국	자동차	서울
99	Mini	MINI Korea	독일	자동차	서울
100	Sephora	세포라 코리아	프랑스	소비재	서울

100개의 글로벌 브랜드에서 일반인들을 기준으로 정리해 보면 아래와 같다.

애플, 마이크로소프트, 아마존, 구글, 도요타, 코카콜라, 벤츠, 나이키, 맥도날드, 테슬라, BMW, 루이비통, 페이스북, 샤넬, 에르메스, 유튜브, 이케아, 구찌, 펩시, 넷플릭스, 아디다스, OB맥주, 네슬레, 폭스바겐, ZARA, 스타벅스, 포르쉐, Airbnb, 로레알, 이베이(G마켓, 옥션), HP, 닌텐도, 스포티파이, 까르띠에, 페라리, Dior, 티파니, 프라다, KFC, 하이네켄, 버버리와 같은 일상에서 만나는 기업들이며, 그 숫자는 41개밖에 되지 않는다.

글로벌로 유명한 브랜드라도 일상에서 만나기 힘든 제품들은 해당 업종의 전문가들만 알기 때문에, 이러한 브랜드를 가진 CISCO, SAP, Adobe와 같은 회사들을 "숨겨진 좋은 알짜 회사"라고 생각하면 되고, 좋은 회사들이며 이러한 회사들의 채용 공고를 우선적으로 볼 것을 추천한다.

4. 세계 1,000대 업종별 Top Tier 외국계 기업

위에서 살펴본 인터브랜드 100은 브랜드 인지도 기준의 기업들이며 대중적으로 많이 알려진 기업들이며, 많은 분들이 취업하기를 원하는 워너비 기업들이다. 대중적 인지도보다는 실제 그 기업이 속해 있는 산업군에서의 위상이 높지만 브랜드는 높지 않은 기업을 숨겨진 알짜 기업들이라고 한다. 그럼 100대 브랜드 외에 업계를 이끄는 주요 기업들은 어떤 기업들이 있는지 살펴보자.

모두 포브스 선정 세계 1,000대 기업에 속하는 기업들이며, 국내에 지사를 둔, 산업별로 꼭 알았으면 하는 기업 몇 개씩만 꼽았다.

A. 산업재(Industrial)

포브스 1,000대 기업 기준으로 국내에 가장 많이 들어와 있는 산업군은 Industrial(산업재)이다.

제조 기반의 B2B 기업들이 많이 들어와 있으며, 특히 OECD 국가 중 제조 비율이 가장 높은 우리나라는 공장 자동화, 스마트 팩토리와 관련한 전기, 전자, 기계, 산업용 IT 관련 기업들이 대거 진출해 있다.

- 슈나이더일렉트릭 코리아(프랑스): 2021년 지속 경영 가능 기업 세계 1위
- ABB 코리아(스위스): 지멘스, GE와 더불어 세계 3대 전기 회사, 산업용 로
  봇 세계 1위
- 존슨콘트롤즈(미국): 냉난방, 자동 제어, 화재 방지, 보안 등의 빌딩 솔루션
- 쉐플러 코리아(독일): 글로벌 3대 베어링 회사로 국내 업체를 인수해서 성장
- 한국하니웰(미국): 자동 제어, 항공, 특수 화학 등의 다양한 업종을 하는 회사
- 로크웰오토메이션(미국): 로크웰인터내셔널에서 분사된 산업 자동화 기업
- 다쏘시스템즈(프랑스): 오토데스크와 함께 세계 3D 설계 솔루션 시장을 양분

B. IT (Information Technology)

IT라 하면 대부분 구글, 애플, 아마존, 메타, 넷플릭스와 같은 유명 기업
및 소프트웨어 및 인터넷 서비스만 하는 기업들에 대해서만 주로 생각하
지만, 반도체 중심의 하드웨어, 네트워크 통신 분야의 다양한 기업들이 진
출해 있다.

· 구글 코리아(미국): 구글 검색, 유튜브, 클라우드, 웨이모(자율 주행)

· 마이크로소프트 코리아(미국): 윈도우, 애저(클라우드), 게임, Linked-in

· 세일즈포스닷컴 코리아(미국): 글로벌 CRM 클라우드 회사이며, Slack을 인수

· 시스코 코리아(미국): Network 사업의 글로벌 1위

· 브이엠웨어 코리아(미국): 가상화 소프트웨어 세계 1위

· 노키아 코리아(핀란드): 5G 통신 장비 Top Tier 기업

· 텐센트 코리아(중국): 세계 1위 게임 그룹

C. 반도체(Semiconductor)

반도체의 경우 세계적 반도체 칩메이커인 삼성, SK하이닉스가 한국을 기반으로 운영되고 있기에 세계 유수의 반도체 팹리스 및 장비 업체들이 한국에 진출해 있다.

> **대표 기업**
>
> 퀄컴, 엔비디아, 인피니언, ASML, 어플라이드 머티리얼즈, 램리서치, AD-VANTEST

· 퀄컴씨디엠에이테크날러지 코리아(미국): 스마트폰용 반도체 세계 1위

· 엔비디아 코리아(미국): 반도체(팹리스) 시가총액 세계 1위

· 인피니언테크놀로지스(독일): 차량용 반도체 세계 1위

· ASML(네덜란드): EUV, DUV 제조업체로 리소그래피 1위, 반도체 장비 시

총 1위

· 어플라이드머티리얼즈 코리아(미국): 반도체 장비 매출 세계 1위

· 램리서치 코리아(미국): 식각(Etch) 부문 1위의 세계 3대 장비 회사

· 아드반테스트 코리아(일본): 세계 최대의 반도체 검사 장비 제조 기업

D. 금융(Financial)

포브스 1,000대 기업 중에선 산업재, IT 다음이지만 포춘 글로벌 500대 기업으로 정리하면 금융 관련 기업이 가장 많다. 은행, 투자, 보험, 부동산 관련 메이저 외국계 기업들이 대거 국내에 진출해 있다.

대표 기업

골드만삭스, 맥쿼리, 푸르덴셜, AIA, HSBC, 제이피모간증권회사, 한씨티은행, AXA

· 악사손해보험(프랑스): AXA가 교보 자동차 보험을 인수, 다이렉트 자동 차 보험

· 제이피모간증권회사(미국): 미국 최대 은행 JP모간체이스의 투자증권사

· 뱅크오브아메리카(미국): 미국 2위 은행

· 비엔피파리바카디프생명보험(프랑스): 세계적인 종합 금융 그룹인 BNP 파리바그룹의 보험 전문 회사

· 한국씨티은행(미국): 자산 기준 미국 4위 은행으로 소매 부문 철수

· HSBC(영국): 영국계 은행으로 소매 부문은 철수

· 골드만삭스증권회사서울지점(미국): 글로벌 투자 은행

E. 원재료(Materials)

주로 화학 중심의 원재료 기업들이 대거 진출해 있다.

> **대표 기업**
>
> 한국바스프, 다우, 듀폰, 사빅, 린데 코리아, 에어리퀴드, 한국유미코아

· 한국바스프(독일): 매출액 기준 세계 최대 화학 회사
· 한국다우케미칼(미국): 듀폰과의 합병으로 다우듀폰이 모기업, 세계 최대
  화학 회사 중 하나
· 듀폰 코리아(미국): 한국에는 폴리머 컴파운딩, 포토레지스트 등의 사업
  을 하는 Top Tier
· 사빅(사우디) : 석유화학, 산업폴리머, 비료 금속 등 중동 최대, 세계 4대
  화학 기업
· 린데 코리아(영국): 화학(chemical) 부문 시가총액 세계 1위의 산업용 가스 기업
· 에어리퀴드(프랑스): 산업용 가스 세계 2위(2018년 린데, 프렉스에어 합병 전엔 1위)
· 한국유미코아(벨기에): 2차전지의 핵심 소재인 양극재 세계 1위

F. 자동차(Automotive)

완제품과 부품, 두 세부 산업으로 나뉘며 완제품의 경우 세계 유수의 기

업들이 대부분 국내에 진출해 있다. 이중 제조 시설을 갖춘 곳은 GM, 르노, 타타대우 세 곳이며 나머지는 유통, 판매, 서비스만 하고 있다. 유통 판매만 하는 기업 대다수는 브랜드 100에 속하므로 제조 시설을 갖춘 아래 세 기업만 소개한다.

· 한국지엠(미국): 미국 GM이 대우자동차를 인수
· 르노 코리아(프랑스): 르노자동차에서 삼성 지분을 모두 인수
· 타타대우상용차(인도): IMF 당시 상용차 부문을 인도의 타타 그룹이 인수

G. 자동차 부품(Automotive parts)

국내 메이저 자동차사인 현대, 기아 그리고 GM, 르노와 거래하기 위해 한국 시장에 진출한 글로벌 부품사들이 많으며, 상당수가 국내 제조 시설을 갖추어 국산화를 통해 고객사로 공급을 하고 있다.

대표 기업

보쉬 코리아, 덴소 코리아, 마그나 코리아, 제트에프삭스 코리아, 콘티넨탈 코리아, 발레오 코리아

· 보쉬 코리아(독일): 주로 공구 업체로 알고 있지만 세계 1위의 자동차 부품사
· 덴소 코리아(일본): 일본의 모비스, 일본 최대의 자동차 부품사이자 세계 2위
· 마그나파워트레인 코리아(캐나다): 북미 최대의 자동차 부품사, LG와 합작
· 제트에프삭스 코리아(독일): 자동차 부품 전문 그룹 ZF, 엔진 관련 부품

· 곤티넨탈 코리아(독일): 곤티넨탈 그룹 소속으로 타이어, 변속기, 브레이크 등

· 발레오 코리아(프랑스): 발레오 그룹 소속으로 전장, 와이퍼, 벨트 등등

H. 제약(Pharmaceutical)

우리나라는 2025년에는 고령 인구 비중이 20.6%로 초고령 사회로 진입
이 예상되고, 수명이 점점 늘어나는 이른바 100세 시대가 되었다. 이에 따
른 헬스케어 산업에 대한 수요도 빠르게 늘고 있다. 그중 대표주자는 제약
산업으로 업계 Top Tier 제약사들이 모두 국내에 들어와 있으며 활발한
비즈니스를 하고 있다.

> **대표 기업**
>
> 한국화이자제약, 한국애브비, 한국로슈, 한국얀센, 한국노바티스, 한국아스트
> 라제네카, 바이엘 코리아

· 한국화이자제약(미국): 비아그라, COVID19 백신으로 유명, 매출액 기준
  세계 1위 제약사

· 한국애브비(미국): 세계 1위 류마티스 치료제 '휴미라' 보유, 단일 품목 매
  출액 약 27조

· 한국로슈(스위스): 항암제 의약품 및 희귀 및 난치 질환 치료제 분야 최고
  의 제약사

· 한국얀센(미국): 존슨앤존슨의 의약품 사업부로 J&J 전체 매출의 50% 이
  상을 차지

- 한국노바티스(스위스): 항암제, 고혈압 치료제 및 헬스케어 선두 제약사
- 한국아스트라제네카(영국): 항암제, 심혈관, 신장 및 대사, 호흡기 질환 치료제 및 COVID-19 백신
- 바이엘 코리아(독일): 세기의 의약품 '아스피린'을 보유한 150년 역사의 혁신 기업

I. 의료 기기(Medical Device)

제약과 더불어 의료 기기 산업 또한 성장세가 두드러지는데, 연평균 성장률은 17~21%(2017~2021년)로 반도체 성장률 5.4%(2020~2025)보다 더 빠르게 성장하고 있다.

> ### 대표 기업
>
> 메드트로닉 코리아, 존슨앤존슨메디칼, 지멘스헬시니어스, 보스턴사이언틱 코리아, 벡톤디킨스 코리아, 스미스앤드네퓨

- 메드트로닉 코리아(미국): 인공심장, 정형외과 수술 도구의 세계 최대의 의료기기 기업
- 존슨앤존슨메디칼(미국): J&J는 제약과 의료기기 매출이 85%인 헬스케어 기업
- 지멘스헬시니어스(독일): 진단과 치료 이미징, 진단검사 의학과 분자 진단 분야의 리딩 기업
- 보스턴사이언티픽 코리아(미국): 심혈관 의료 기기 글로벌 Top Tier 기업

· 벡톤디킨스 코리아(미국): 헬스케어 선두 기업으로 Bard 코리아를 2022
년 한국 법인으로 통합
· 스미스앤네퓨(영국): 상처/흉터 치료 드레싱 용품, 정형외과 수술 장비 등
의 선두 기업

J. 소비재(Consumer goods)

-자유 소비재

필수 소비재에 반대되는 개념으로 여유가 있을 때 구매하는 소비재를 말
하며, 대표적인 품목은 명품, 패션, 여행, 외식 등이 있다. 이 중에 명품, 패
션 기업들은 COVID19 이후 MZ세대들의 보복 심리 구매로 매출이 성장
하였다.

대표 기업

LVMH 코리아, 리치몬트 코리아, 구찌 코리아, 샤넬 코리아, 크리스챤디올꾸
뛰르 코리아

모두 위에서 언급한 100대 브랜드에 속하므로 제외한다.

-필수 소비재

생활에 꼭 필요한 식음료, 화장품, 가정용품 등으로 글로벌 주요 외국계
기업들이 국내에 대거 진출해 있다.

· 한국 피앤지(미국): 약 185년 역사를 이어온 세계 최고의 소비재 전문 기업

· 유니레버 코리아(영국): 화장품, 생활용품의 글로벌 소비재 기업

· 네슬레 코리아(스위스): 다양한 식품, 커피 머신, 무알콜 음료의 세계 1위
  식품 기업

· 로레알 코리아(프랑스): 럭셔리 화장품의 대명사, 세계 최대 뷰티 기업

· 헨켈 코리아(독일): 접착제 세계 1위, 우리에게 친숙한 홈키파, 콤배트, 퍼
  실 등 제조

· 디아지오 코리아(영국): 조니워커, 발렌타인으로 유명한 위스키의 황제

· 하이네켄 코리아(네덜란드): 가장 세계적인 프리미엄 맥주를 만드는 기업

· 제너럴밀스 코리아(미국): 요플레, 하겐다즈 등 50여 개 식품 브랜드 보유

Chapter 3

외국계 기업
지원 노하우

1. 외국계 기업 검색 방법

A. 포브스 글로벌 2000

  미국의 경제 잡지인 포브스에서 해마다 전 세계 기업들을 대상으로 매출액 (sales), 영업이익(profits), 자산 및 시장 가치(assets, and market value)의 네 가지 지표에 대한 가중치 평가를 사용하여 글로벌 2000 대기업을 선정하고 있다. 구글에서 'Forbes global 2000'으로 검색하여 들어가면 아래 리스트들을 볼 수 있다.

	Forbes					
RANK ^	NAME	COUNTRY	SALES	PROFIT	ASSETS	MARKET VALUE
1.	Berkshire Hathaway	United States	$276.09 B	$89.8 B	$958.78 B	$741.48 B
2.	ICBC	China	$208.13 B	$54.03 B	$5,518.51 B	$214.43 B
3.	Saudi Arabian Oil Company (Saudi Aramco)	Saudi Arabia	$400.38 B	$105.36 B	$576.04 B	$2,292.06 B
4.	JPMorgan Chase	United States	$124.54 B	$42.12 B	$3,954.69 B	$374.45 B
5.	China Construction Bank	China	$202.07 B	$46.89 B	$4,746.95 B	$181.32 B
6.	Amazon	United States	$469.82 B	$33.36 B	$420.55 B	$1,468.4 B
7.	Apple	United States	$378.7 B	$100.56 B	$381.19 B	$2,640.32 B
8.	Agricultural Bank of China	China	$181.42 B	$37.38 B	$4,561.05 B	$133.38 B
9.	Bank of America	United States	$96.83 B	$31 B	$3,238.22 B	$303.1 B
10.	Toyota Motor	Japan	$281.75 B	$28.15 B	$552.46 B	$237.73 B
11.	Alphabet	United States	$257.49 B	$76.03 B	$359.27 B	$1,581.72 B
12.	Microsoft	United States	$184.9 B	$71.19 B	$340.39 B	$2,054.37 B
13.	Bank of China	China	$152.43 B	$33.57 B	$4,192.84 B	$117.83 B
14.	Samsung Group	South Korea	$244.16 B	$34.27 B	$358.88 B	$367.26 B
15.	ExxonMobil	United States	$280.51 B	$23.04 B	$338.92 B	$359.73 B

출처: Fortune global 500

원하는 회사 찾기기 가능하고, 국가별로 분류도 가능하다. 화면에서 보는 것은 무료지만 리스트를 다운로드 받으려면 2021년 기준 1,750 USD를 결제해야 하는데, 관련 정책은 매년 바뀌고 있다.

B. 포춘 글로벌 500

포브스와 함께 미국의 유력 경제지인 포춘에서도 해마다 기업의 순위를 발표하는데, 포브스와는 달리 매출액 기준으로만 순위를 집계한다. 따라서 그 순위가 포브스의 내용과 다르니 혼선이 없길 바란다.

또한 Fortune 500은 미국 내 500대 기업이고, Fortune global 500은 세계 500대 기업이니 구분하여 활용해야 한다. 구글에서 'Fortune global 500'을 검색하여 들어가면 full list들을 포브스처럼 무료로 볼 수가 있었는데, 2022년 12월부로 유료로 전환되었다. 하지만 그리 부담스러운 금액은 아니니, 꼭 필요한 분들은 활용하면 좋을 것 같다.

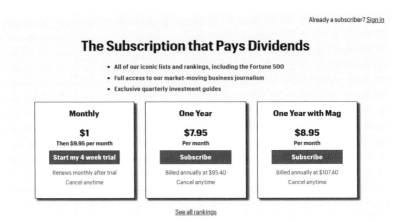

출처: Fortune global 500

포춘 글로벌 500의 리스트는 아래와 같으며, 집계 방식 외에 포브스와 다른 점은 업종별, 산업별, 국가별, 지역별로 기업들을 분류할 수 있는 기능이 있다.

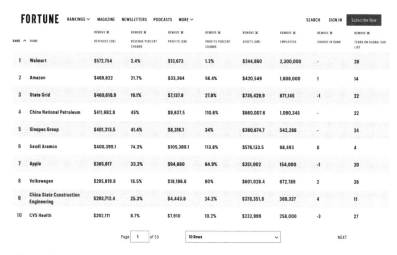

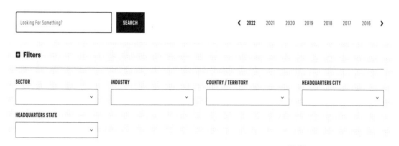

위 화면에서 'Sector(업종)'에 'Food & beverage'를 입력하여 검색하면, 그와 관련된 기업들의 목록을 아래와 같이 보여 준다.

103	Nestlé	$95,292.8	6.1%	$18,497.7	42%	$152,769	276,000	-24	28
124	Archer Daniels Midland	$85,249	32.5%	$2,709	52.9%	$56,136	39,979	22	28
143	PepsiCo	$79,474	12.9%	$7,618	7%	$92,377	309,000	-12	28
192	Wilmar International	$65,793.6	30.2%	$1,890.4	23.2%	$58,718.4	100,000	19	14
194	JBS	$65,036.3	24%	$3,799.2	325.8%	$37,181	250,000	8	13
219	Bunge	$59,152	42.9%	$2,078	81.5%	$23,819	22,000	70	20
239	AB InBev	$54,304	14.7%	$4,670	232.4%	$217,627	169,339	-3	17
276	Louis Dreyfus	$49,569	47.7%	$697	82.5%	$23,626	15,737	86	9
292	Tyson Foods	$47,049	8.9%	$3,047	47.8%	$36,309	137,000	-22	21
356	New Hope Holding Group	$39,168.9	23.9%	$335.8	-34.9%	$58,946.5	130,887	34	2

출처: Fortune global 500

이렇게 관심 산업군의 기업들을 분류하여, 국내 지사가 있는지 확인하면
된다. 확인하는 방법은 해당 회사 옆에 코리아 또는 Korea로 검색하면 지
사가 있는 경우 홈페이지 또는 관련 정보가 나올 것이다.

2. 외국계 기업 전문 취업 정보

A. 글로벌 1위, Linkedin

외국계 채용 사이트로 검색하면 인디드, 글래스도어를 비롯한 많은 채용 사이트가 나오는데, 이 중 꼭 참고해야 할 글로벌 사이트는 링크드인이다.

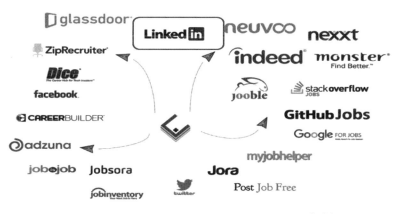

출처:CVVIZ

링크드인은 인맥 및 비즈니스 SNS로 출발한 비즈니스 소셜네트워크 사이트이며, 2016년 마이크로소프트가 인수하였고 지금은 세계에서 채용이 가장 활발히 이루어지고 있는 사이트이며, 미국 대학생들이 대부분 가입하는 SNS이다. 대다수의 외국계 기업 리크루터와 헤드헌터들이 채용을 위해 가장 많이 활용하고 있으며, 유데미와 연계되어서 교육 등의 서비스도 제공하고 있다.

이 사이트에 프로필을 자세히 업로드하면, 본인의 커리어에 맞는 AI의 자동 채용 추천이 이루어지고, 후보자 또한 링크드인을 통해 올라온 공고에 온라인 지원을 할 수 있다. 글로벌 사이트이므로 국내 지사뿐 아니라 해외 지사, 본사의 채용 공고도 확인 및 지원할 수 있다.

또한, 요즘은 외국계 기업 홈페이지에서도 링크드인과 연동하여 바로 지원할 수 있도록 하는 기업들이 늘고 있다.

NETFLIX JOBS

Your full LinkedIn profile
will be shared. **Learn More**

Apply with LinkedIn

출처: 넷플릭스 홈페이지

외국계 기업을 준비하는 사람들이라면 반드시 활용해야 하는 사이트 0순위라 봐도 무방하겠다.

B. 국내 1위 외국계 기업 채용 사이트, 피플앤잡

국내 채용 사이트 1, 2위는 사람인과 잡 코리아지만, 외국계 기업만 두고 봤을 땐 피플앤잡이 1위이다. 국내에 진출한 대부분의 외국계 기업들이 링크드인과 함께 우선적으로 활용을 하는 사이트이므로, 링크드인과 피플앤잡 2개는 꼭 활용하는 것이 좋다.

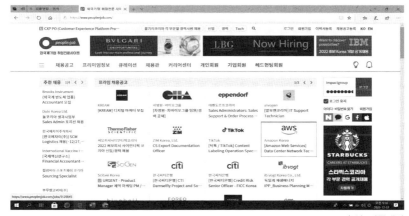

출처: 피플앤잡

사이트에 올라오는 공고 대부분이 외국계 기업이며, 구직하는 사람의 이력서를 온라인 등록하면 외국계 기업 채용 담당자와 써치펌의 헤드헌터들로부터 입사 및 추천 제안을 받을 수 있고, 또한 해당 채용 건에 바로 지원할 수 있다.

등록일	직무	직종	회사명	근무지역	마감일
2022.12.05	S&S Operation Associate 인턴.신입	기타	Rockwell Aut⋯	서울	채용시까지
2022.12.05	[Panerai] Retail & E-commerce Operations Intern 인턴.신입	일반사무직	(주)리치몬트코⋯	서울 중구	2023.01.04
2022.12.05	대기업 해외 디지털 마케팅 / 인플루언서 마케팅 (신입모집) 인턴.신입	마케팅,시장⋯	GRID INTERN⋯	서울 / 서울 ⋯	2022.12.09
2022.12.05	대기업 해외 디지털 마케팅/ 인플루언서 마케팅 (경력~팀장급 모집) 사원 / 대리.⋯	마케팅,시장⋯	GRID INTERN⋯	서울 / 서울 ⋯	2022.12.09
2022.12.05	[한국화이자제약] Rare Disease Medical - (Sr.) Medical & Scientific Relatio⋯	일반사무직	(주)한국화이자⋯	서울 중구	2022.12.13
2022.12.05	Logistics Assistant Manager at LVMH Fashion Group 대리.과장	물류.운송.배송	지방시코리아 ⋯	서울	2023.01.04
2022.12.05	IS Digital Assistant Manager at LVMH Fashion Group Korea 대리.과장	기술지원	지방시코리아 ⋯	서울	2023.01.04
2022.12.05	Digital Marketing Intern 인턴.신입	마케팅,시장⋯	지방시코리아 ⋯	서울	2023.01.04
2022.12.05	[Celine Korea] Senior Client Service Advisor 대리.과장	일반사무직 / ⋯	셀린느코리아	서울 중구	2023.01.04
2022.12.05	[Celine Korea] CS Advisor 사원	일반사무직 / ⋯	셀린느코리아	서울 중구	채용시까지
2022.12.05	[Celine Korea] E-commerce Operations Coordinator 사원	일반사무직 / ⋯	셀린느코리아	서울 중구	채용시까지
2022.12.05	[표면검사장비] 서비스 엔지니어 신입 및 경력 모집 합니다. 인턴.신입 / 사원 / 대⋯	생산관리,품⋯	Dr. Schenk K⋯	서울 강남	채용시까지
2022.12.05	Finance Accountant 대리.과장	경리,회계,세⋯	발렌티노코리아	서울 종로구	채용시까지
2022.12.05	Logistics Assistant (계약직) 인턴.신입	일반사무직 / ⋯	발렌티노코리아	서울 종로구	채용시까지
2022.12.05	[UPS Korea] 고객서비스부 Customer Service Clerk 정규직 인턴.신입 / 사원	고객지원	UPS KOREA	서울 / 서울 ⋯	2022.12.19
2022.12.05	레즈메드코리아 Senior Ecommerce Specialist 모집 대리.과장	전자상거래 / ⋯	ResMed Korea	서울 / 서울 ⋯	채용시까지
2022.12.05	레즈메드코리아 Field Specialist 모집(다이렉트 세일즈) 사원 / 대리.과장	국내영업, 판⋯	ResMed Korea	서울 / 서울 ⋯	채용시까지
2022.12.05	레즈메드코리아 Financial Accountant 대리.과장	일반사무직 / ⋯	ResMed Korea	서울 / 서울 ⋯	채용시까지
2022.12.05	[지멘스] Energy service sales 사원 / 대리.과장	일반사무직 / ⋯	지멘스(주)	서울 종로구	채용시까지
2022.12.05	[Urgent] [벤츠파이낸셜] Product and Campaign Business Process Specia⋯	기획,사업개발	메르세데스벤⋯	서울	2023.01.04
2022.12.05	[Novotech] Senior HRBP 대리.과장 / 팀장.부장	인사,인재개발	Novotech Ko⋯	서울 강남	2023.01.04
2022.12.05	[한국MSD] Medical Service Associate (1년 직접계약직) 인턴.신입 / 사원	유전공학,생⋯	한국엠에스디 ⋯	서울 중구	2022.12.19

출처: 피플앤잡-채용 공고

아래와 같이 업종별, 직종별 채용 건을 구분해서 볼 수가 있고, 신입, 인턴, 해외 근무 등의 일자리도 구분하여 볼 수가 있다. '큐레이션 세션'에 들어가면 공저자인 '곰선생'이 다양한 기업의 포지션을 추천하고 있으니, 참고하면 취업/이직에 도움이 될 것이다.

C. 홈페이지

외국계 기업의 경우 외부 채용 공고를 자체 홈페이지에 먼저 공개하는 경우가 많다. 어느 정도 규모가 있는 외국계 기업은 대부분 자체 채용 사이트를 운영하고 있으며, 기한이 정해진 채용 직무도 있지만 상시 채용하는 직무는 언제든 지원할 수 있도록 오픈해 놓는다. 따라서, 언제나 회사 홈페이지에 접속해서 검색 및 지원이 가능하다.

홈페이지에 들어가면 별도의 채용란이 있는데, 채용란에서 아래와 같이 검색창에 'Korea'를 입력하면 한국 지사에서 채용 진행 중인 건들이 뜨는데, 글을 작성하는 지금 시점에 14개의 공고가 올라와 있다.

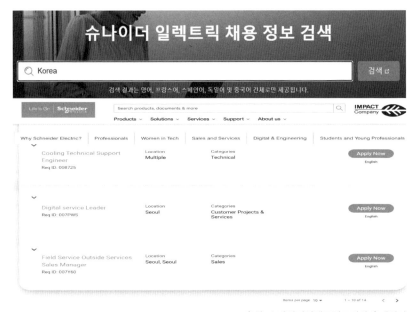

출처: 슈나이더일렉트릭코리아 홈페이지

아주 대중적으로 유명한 기업들을 제외한 대부분의 외국계 기업들은 해당 기업과 산업군에 관심이 있는 후보자들을 선호한다. 외부 채용 사이트가 아닌 홈페이지를 통해 지원하는 것도 회사에 대한 관심과 진정성을 표현하는 하나의 방법일 것이다.

D. 기타

국내에 진출한 지 오래된 기업들은 사람인, 잡 코리아 등의 국내 채용 사이트에도 공고를 많이 올리니, 이 또한 참고하면 좋을 것 같다.

3. Job title만 보고 지원해선 안 된다!

같은 Job 타이틀을 쓰지만 회사마다 산업군마다 그 상세 직무가 다르므로 반드시 Job Description의 내용을 확인하고 지원하는 것이 좋다. 가령 CS의 경우 B2C에서의 직무 내용은 주로 콜센터의 역할로, 다수 고객의 소량 주문에 대해 하루에 수십, 수백 통의 전화를 받지만 B2B의 경우 소수 기업 고객의 대량 주문을 관리하는 영업 지원, 관리의 성격이 강하고 SCM이나 Inside Sales의 역할을 하는 경우도 있다. 고객과 업종이 다르므로 그에 대한 업무의 특성도 달라진다.

4. Job Description(직무 설명서)보는 법

외국계 기업의 채용 공고에 대한 직무 설명서를 Job Description이라고 하는데, 해당 직무에서 하는 일에 대해 상세하게 기록되어 있다.

영어로만 되어 있는 경우도 있고, 한글 또는 영한 혼용으로 쓰는 경우도 있으며, 채용할 포지션이 해야 하는 업무를 기재하는 경우도 있고, 팀의 업무를 기재하는 경우도 있으므로 회사의 규모나 업종에 따라서 어느 정도 감안해서 읽어야 한다.

주로 Job Description(직무 설명서)과 Job Requirements(요구 조건 및 자격 사항) 두 항목으로 구성된다.

A. 영문 Job Description

S&S Operation Associate

Rockwell Automation Korea   기업소개

근무지역   서울
직종   기타
등록일   2022.12.05

Job Description

<u>Primary Responsibilities</u>

Order Management
- Monitor order received until order fulfilment.
- Coordinate order entry with respective teams to ensure fluidity of order entry process.
- Ensure all required documentation is in place for order processing.
- Follow up on orders to fulfill operational targets.
- Maintain high level of communication with customers in all aspects of the services business.
- Ensure business compliance in all related aspects.

Project tasks
- Coordinate project order entry – service orders – procurement – executions – customer acceptance.
- Projects Requisitions – Ensure all items are verified, ordered and delivered.
- Subcontractor administration management
- Maintain project tracking reports.

Training Management
- Work closely with training coordinator on local training organization delivery.
- Coordinate shipment of training gears with Logistics team.
- Create / maintain training contract usage reports.

Maintain Contracts
- Monitor contract performance by regular review.
- Compile audit documents or other documentation for service delivery personnel.
- Notify Distributors of their upcoming and overdue commitments.
- Interact with internal customers to resolve customer commercial issues/concerns.
- Manage the escalation of appeals process by prioritizing customer requirements.

Renew Contracts
- Utilize databases to support service business leads.
- Provide advance notification to Distributor/ Sales Staff of agreements expiry.
- Follow up contract termination per procedures and processes.

Reporting
- Prepare appropriate reporting to both internal and external customer.

출처: 피플앤잡

해당 직무에 대해서 세부 직무별로 나누어 상세히 설명되어 있다. 보통 우선순위에 따라 위에서 아래로 기술한다. 이력서(Resume) 작성 시 반드시 해당 직무에 본인이 적합한지 파악한 후 그에 맞게 작성해야 한다. 꼭 100% 다 맞지 않더라도 60~80% 본인이 적합하다 판단되면 지원하면 되며, 회사가 채용 상황에 따라서 감안하여 판단할 것이다. Job Description 바로 아래는 Job Requirements(요구 조건, 자격 사항)가 따라온다.

Job Requirements

KEY COMPETENCIES REQUIREMENTS
- Ability to meet individual and team goals.
- Independent and results oriented.
- Excellent interpersonal, written, and oral communication skills.
- Strong organizational skills and attention to detail.
- Ability to work under pressure.

EDUCATION QUALIFICATIONS
Education Qualifications : 2-year college/bachelor's degree

WORK EXPERIENCE
- Minimum 1 year of experience in business administration, analytics, and/or contract services or equivalent.
- Strong interpersonal and communication skills with experience in customer relations management or project management preferred.
- Strong computer skills in Microsoft Office applications.
- Preferred background or prior experience using and interacting with computer-based enterprise-level business systems such as SAP / IFS or equivalent.

출처: 피플앤잡

Job Requirements은 주로 해당 직무에 대한 경력, 자격증, 관련 스킬 및 전공 등의 내용이 포함된다.

'경력 1년 이상 지원 가능'일 경우, 꼭 그 기준을 충족하지 못해도 지원은 가능하다. 가령 6~10개월 정도의 경력밖에 없지만, 해당 직무에 자신이 있다면 과감히 지원해 보는 것이 좋다. 판단은 회사가 할 것이니 미리 판단해서 기회를 포기할 필요는 없다. 또한 그 경력이 인턴, 계약직이라 하더라도 직무 경험이 JD(Job Description)에 부합하거나 어느 성도 적응이 가능하다고 생각되는 경우 경력으로 인정해 주는 추세이니, 본인이 어느 정도 적합하다고 판단되면 너무 고민하지 말고 일단 지원하는 것이 좋다.

B. 한글 Job Description

한글로 작성된 직무 설명서도 있고, 한글과 영어를 섞은 것도 있다. 아래는 직무 키워드 중심으로 간단하게 작성된 한글 직무명세서이다.

Marketing & Sales admin 채용 (육아휴직 1년 대체)

토요타파이낸셜서비스코리아(주) 기업소개

근무지역 서울 강남
직종 마케팅,시장조사 / 영업관리
등록일 2022.12.05

Job Description

- 영업 마케팅 업무 지원

1. 리포트
   1) 본사 보고 자료 작성
   2) 각종 세일즈 리포트 및 영업 실적 집계
   3) 공시 자료 작성
2. 마케팅
   1) 마케팅 활동 지원
3. 영업 지원
   1) 프로모션 전산 등록
   2) 프로모션 정산
   3) 금융 담당자 업무 지원

※ 1년 직접 계약직(육아 휴직 대체)

Job Requirements

- 관련 업무 2년 이상 근무자 우대
- 엑셀 능통자
- 영어 가능자 우대

Additional Information

커리어수준 인턴신입,2년이내 / 사원 5년이내
급여사항 면접 후 협의
고용형태 계약직
경력여부 무관

Guidelines for Applicants

전형방법
  1차 서류전형
  2차 면접전형

제출서류
  한글이력서, 영문이력서, 한글자기소개서 (각종 증빙서류는 서류전형합격자에 한해 추후제출)

접수방법
  온라인 지원

마감일
  채용시까지

채용담당
  인사담당자 / +82-2-000-0000 / recruit@tfskr.co.kr 이메일 복사

출처: 피플앤잡

한글과 영어를 섞어가며 자세히 작성한 JD도 있다.

[지멘스] Factory Automation engineer (Battery Industry) - 신입 채용

지멘스(주) 기업소개

근무지역	서울 종로구
직종	전기,설비 / 전기
등록일	2022.12.05

SIEMENS

Job Description

Build this New Chapter with us…
We are a technology company focused on industry, infrastructure, transport, and healthcare. From more resource-efficient factories, resilient supply chains, and smarter buildings and grids, to cleaner and more comfortable transportation as well as advanced healthcare, we create technology with purpose adding real value for customers. By combining the real and the digital worlds, we empower our customers to transform their industries and markets, helping them to transform the everyday for billions of people.

Change the future with us…
Using your expertise, you will be responsible for :
우리는 자동화 및 모션 제어에 중점으로 공정 및 제조 산업에 대한 자동화 및 디지털화에 국내 다양한 산업 현장에서 미래의 가치를 제공하는 엔지니어 팀이며 이 흥미로운 분야에서 미래를 우리와 함께 할 엔지니어들을 찾고 있습니다.
해당 포지션에서 당신은 TIA Portal 시스템을 통하여 새로운 미래 지향적인 응용 기술을 작업하고 자동화에 대한 다양한 아이디어를 고객에게 제공하게 됩니다.
우리의 고객에게 자동화 솔루션과 응용기술을 제안하며, 혁신적인 제품(SIMATIC, SINAMICS)과 새로운 기술(AI, Industrial Edge, IIOT 등)을 통하여 스마트 제조 및 디지털화 분야에서 애플리케이션을 수행하며, 인더스트리 4.0의 미래를 구축합니다.
특히 이차전지 산업 분야에 중점적으로 스마트 팩토리, 스마트 설비, 제조 지능화 등에 대한 컨설팅과 프로젝트/ 엔지니어링 수행의 역할을 맡게 됩니다.
그리고 자동화 설비의 가상 시운전도 하나의 역할입니다.

이러한 역할을 수행하기 위하여 지멘스는 최고의 그리고 최적의 다양한 교육을 지원 하며 전문성 및 개인 개발을 위한 추가 교육 기회를 제공 하여 드릴 것입니다.

Job Requirements

What you need to make real what matters.
당신은 전기/전자/제어 공학 학사 학위를 취득하거나 그에 상응 하는 자동화 기술 등의 경험이 필요합니다.
또한 자동화 분야에서 이미 실용적인 사전 지식을 얻었거나 이상적으로는 자동화 기계에 대한 경험을 보유 하고 있으면 보다 좋은 가산점을 얻을 수 있습니다.
IT 및 프로그래밍 지식(Java, C++, C#)등의 좋은 노하우는 채용 및 채용 후 엔지니어로서 당신에게 큰 장점이 됩니다.
강력한 의사 소통능력은 당신의 미래에 강점이 됩니다.
글로벌 엔지니어로서 영어에 대한 두려움이 없어야 합니다.
해외 출장에 결격사유 없어야 합니다.
무엇보다 가장 중요한 것은 하나의 팀으로 다양한 팀원들과 함께 새로운 기술/시장/고객을 개척하는 진취적인 분이 필요합니다.

Employment Condition :
- 고용형태 : 정규직 (수습기간 3개월 포함)
- 직급 : 사원
- 근무지 : 서울 본사 사무소
- 근무시작일 : ASAP

Others :
- 마감 일자 : 채용시 마감 (산접수, 선평가) / 키워드 339666
- 제출 서류 : 국문 이력서/경력기술서 및 영문이력서/Coverletter 를 하나의 pdf 파일로 upload 해주시기 바랍니다.
- 전형 절차 : 서류 심사 > 면접 > 건강검진/온라인 인적성 검사 > 처우 면담
- 결과는 개별 통보합니다.
- 이력서 제출 시, 직무의 수행에 필요하지 않은 개인정보 (구직자 본인의 용모, 키, 제중 등의 신체적 조건/구직자 본인의 출신지역, 혼인여부, 재산/ 구직자 본인의 직계 존비속 및 형제자매의 학력, 직업, 재산) 는 기재하지 마십시오.
- 국가보훈 대상자와 장애자는 관련 서류 제출 시 관계법에 따라 우대합니다.
- 영문이름은 여권상의 이름과 동일하게 기재 하십시오.
- 입사지원서 내용에 허위 사실이 판명될 경우, 입사가 취소될 수 있습니다.

Make your mark in our exciting world at Siemens.
www.siemens.com/careers - if you would like to find out more about jobs & careers at Siemens.
FAQ - if you need further information on the application process.

출처: 피플앤잡

유의해야 할 짐은 반드시 세출 서류를 확인하여, 제출하라는 서류와 양식으로 하는 것이 좋다.

위 JD의 경우는 자기소개서가 빠지고 경력기술서가 추가되었으며, 또한 하나의 PDF 파일로 지원하라는 가이드가 있음에도 제대로 읽어 보지 않고 외국계는 보통 이력서(Resume), 자기소개서(Cover letter)를 Word 파일로 요구하니 그대로 보내는 경우에는 채용 담당자를 불편하게 할 수도 있으나, 그러한 이유로 감점을 하거나 하지는 않으므로 너무 걱정할 필요는 없다.

5. 외국계 기업이 좋아하는 인재(SPEC)는?

작년에 구글 코리아, 마이크로소프트 코리아 인사 최고 책임자, 아데코 코리아 전 대표이사와 함께 외국계 기업 채용에 대한 포럼을 한 내용을 토대로 외국계 기업에서 원하는 인재상, 그리고 가장 좋아하는 스펙은 무엇인지에 대해 이야기해 보고자 한다.

A. 성향 부분

① **문제 해결 능력**(Problem Solving Skill): 누군가에 의지하지 않고 스스로 문제를 해결하려는 성향

'어떡하지?'는 통하지 않는다. 국내 기업의 경우, 입사 후 선후배 관계가 명확하고 사수·부사수의 개념이 있어 처음 들어가면 팀 내 선배가 케어를 해 주는 경우가 많이 있는데, 외국계 기업의 경우 직무(Role)로 팀 내 관계가 구분되어 있어서 본인의 일을 누가 대신해 주거나 돌봐 주지 않는다.

가령, 무슨 일이 생겼을 때 국내 기업의 경우 '이거 어떻게 해야 하나요?'라는 막연한 질문에 도와주는 분들이 있을 수 있겠지만, 외국계 기업의 경

우 이런 질문에 빈응하는 사람은 거의 없다. 구체적으로 '이런 분제가 발생했는데, 이 부분은 A님께서 이렇게 도와주시고, 이 부분은 B님께서 이렇게 언제까지 도와주시면 좋겠다.'라고 구체적으로 묻고 요청하면 도와준다.

본인의 일과 관련된 모든 문제 해결의 중심은 본인이어야 하고 시작과 과정, 끝은 본인 스스로 처리해야 한다. 따라서 누군가에게 의지하기보다 스스로 문제를 해결하려고 노력하는, 그런 경험이 많은 사람을 외국계 기업은 선호한다.

② 소통 능력(Communication Skill)

위 내용과 연결되는 부분으로, 처음 입사한 사람은 혼자 결정하고 판단할 경험 및 역량이 부족한 경우가 많은 것이 사실이다. 그래서 업무 관련 문제 해결을 위해선 그와 관련된 팀 내 직원, 타 부서 및 협력 업체 직원들과 자주 소통해야 하므로, 채용 시 커뮤니케이션 스킬이 좋은 사람을 좋아한다. 단지 말을 잘하는 것을 얘기하는 것은 아니고 본인이 다른 사람의 의견을 경청하고 다른 사람들을 이해시키기 위해 공식/비공식 대화, 이메일, 발표 등으로 공감 및 협조를 이끌어내는 역량을 말한다. 본인이 학창 시절이나 직장에서 그런 소통 능력을 발휘하여 조직을 이끌거나 기여했던 부분들에 대해 어필하는 것이 좋다.

③ 선한 영향력

구글과 마이크로소프트에서 가장 강조했던 부분으로, 필자 또한 매우 공감하는 부분이다. 본인이 알고 있는 지식을 다른 사람들과 나누고자 하는 사람들은 늘 스스로 발전을 이루며 조직에 좋은 영향을 미친다는 것을 회사들은 경험을 통해 알고 있다. 타인에게 알려 주기 위해서 더 공부하고, 또 전달하기 위해 좋은 커뮤니케이션 능력을 갖추게 된다. 빅테크 기업들은 이런 후보자들을 찾는 전담 조직까지 갖추고 있다고 하는데, 찾는 방법은 주로 구글링을 통해 각 분야에서 SNS 등을 통해 활발히 활동하는 사람들 위주로 찾는다고 한다.

가령 내가 알고 있는 지식을 블로그, 유튜브, 페이스북 등에 정기적으로 업데이트하여 올리면 그것을 보고 판단하여 제안을 한다고 한다. 필자의 경우도 내세울 만한 이력은 없지만, 꾸준히 블로그에 외국계 관련 글을 쓰다 보니 이직에 도움이 되는 것은 물론이고, 대학과 기관 강의 요청도 꾸준히 들어오고 있으며 그리고 책까지 쓰는 기회가 생기게 되었다.

꼭 테크(Tech) 쪽이 아니더라도 본인이 관심 있는 직무와 관련된 콘텐츠를 주기적으로 꾸준히 올린다면, 그것도 하나의 훌륭한 포트폴리오가 될 수 있다. 한 구독자는 홍보 직무에 관심을 두고 글 쓰는 훈련을 하기 위해, 본인이 좋아하는 축구 콘텐츠를 블로그에 주 3회, 6개월간 꾸준히 글을 올렸는데, 지원하는 회사에서 이를 보고 채용했다고 한다.

이와 같은 사례들은 많이 있는데, 분량이 많아 추후 따로 사례집으로 묶어 볼까 한다.

B. 스펙(SPEC)

① 직무 관련 경험이 1순위

본서에서 계속해서 이야기하다시피 외국계 기업은 주로 해당 부서에서 필요한 인력을 그때그때 수시로 채용하는데, 이때 지원자에게 가장 요구되는 조건은 직무와 관련된 경험이다. 국내 기업처럼 오랜 기간을 두고 직원을 성장시키는 것보다 외국계 기업은 관련 경험자를 뽑아서 바로 현장에 투입하려고 한다. 그래서 약간의 OJT 후에 바로 실무를 할 수 있는 경험을 갖춘 후보자를 선호한다.

따라서 신입의 경우 자격증, 점수 등의 스펙보다는 직무와 관련된 경험을 쌓기 위해 가장 많은 노력을 해야 할 필요가 있다. 아르바이트, 인턴, 계약직 등 직무 경험을 쌓을 수 있다면 하는 것이 좋고, 그 경험을 이력서나 자기소개서에 녹이면 가장 좋은 점수를 받을 수 있다. 경험상 직무 경험이 출중한 사람들이 다른 스펙이 부족하더라도 채용되는 경우를 많이 봐 왔다.

> 학벌 + 영어 + 자격증 + 토익 점수 < 직무 경험

② 직무 관련 자격증

서듭 얘기하지만 외국계 기업은 당장 실무를 잘할 수 있는 지원자를 좋아한다. 그것을 확인할 수 있는 방법은 직무 관련 경험이 있는지 또는 관련 공부를 열심히 했는지다. 자격증이 필요한 직무라면 자격증 취득이 큰 어필이 된다.

③ **기타**(학벌, 영어, 직무 외 자격증 등)

 1장에서 설명했듯이 국내 최고 대학을 나와도 관련 경험이 없거나 부족하면 서류에서 탈락하기도 한다. 영어를 잘하면 좋으나 그것 또한 직무 능력을 갖춘 후에 옵션 같은 부분이다. 따라서 직무 역량을 우선 갖추는 것이 좋다.

6. 채용 절차 및 고용 형태

A. 트렌드

최근 몇 년 사이 글로벌 본사(아시아 본사) 채용팀에서 직접 한국 지사의 채용 진행을 하는 건이 늘고 있다. 몇 년 전까지만 해도 한국에서 채용을 하던 회사가 회사는 그대로 있으나 채용 기능만 본사로 넘어간 케이스들이다. 채용 담당자의 통합으로 인한 인건비 절감과 인재 영입의 중요성을 보여 준다. 따라서 채용 1차 서류와 면접은 영어로 진행하고 2차 실무 면접은 한국 지사 부서장으로 이루어지는 곳이 많이 늘었다.

1차 면접은 스크리닝 면접으로 후보자의 실무 능력을 판단하는 것보다 JD에 적합한 후보자가 맞는지 실무 면접 전 검증하는 단계이다. 채용팀에서 주로 전화나 화상으로 이력서상의 내용이 맞는지, 이력서에는 없으나 회사에서 필요로 하는 요건들을 더 갖추었는지, 확실한 지원 의사 등에 대한 질문을 한다.

B. 절차

외국계 기업의 채용 절차는 국내 기업과 다르게 보통 몇 단계의 절차가 더 있다. 절차는 더 길지만 속도 면에서는 국내 기업보다 빠른 경우가 많다. 보통 공고 후에 적합한 서류가 들어오면 면접부터 협상, 입사까지 1~2

주 내 이루어지는 경우가 많다. 국내 기업에는 잘 없는 Reference Check(평판
조회), Offer Letter, 무늬만 수습이 아닌 정식 직원 전 단계인 수습 기간이 있다.
이 기간에 좋은 점수를 받지 못하면 퇴사해야 할 수도 있다.

① 서류(Resume, Cover Letter, 이력서, 자기소개서)

② 1차 실무 면접

③ 2차 임원 면접

④ 연봉 협상

⑤ Reference Check(평판 조회)

⑥ Offer Letter(소속, 연봉, 고용 형태, 입사 일자 등을 제안)

⑦ 최종 입사

⑧ 수습 기간

단계별 주요 내용에 대해선 다음 장에서 자세히 살펴보도록 하자.

C. 채용 형태

· 인턴

· 인턴 후 정규직

· 계약직(회사 소속)

· 파견 계약직(파견 대행 회사 소속)

· 정규직

Chapter 4

(1) **실전** 노하우_

영문 이력서 **A to Z**

국문 이력서와 자기소개서를 제출하는 국내 기업과는 달리, 외국계 기업은 영문 이력서(Resume 또는 CV), 커버 레터(Cover Letter) 두 가지 서류를 기본으로 국문 이력서와 자기소개서를 제출하는 경우가 있다.

1. 영문 이력서란?

해외에서는 Resume와 CV를 구분하여 사용하는데, 북미 지역의 경우는 Resume, 영연방국가(영국, 호주, 뉴질랜드, 아일랜드)에서는 CV(Curriculum Vitae)라는 이름으로 사용한다. 국내에서 영문 이력서를 제출하라고 하면 Resume를 제출하면 되며, 이것은 국내에 진출한 외국계 기업은 미국계가 많기 때문이다.

A. 이런 포맷은 쓰면 안 돼요!

한 페이지 이내로 작성하는 것이 좋으며, 학력, 업무 이력, 특기 등 지원하고자 하는 직무와 관련된 사항을 중심으로 작성해야 한다. 학력 사항 또한 다양한 학위가 있는 경우, 지원하는 포지션과 관계가 깊은 항목 위주로 기재하면 좋다.

영문 이력서를 처음 쓰는 사람들이 하는 전형적인 실수 중 하나가, 기존에 쓰던 국문 이력서의 포맷에 영어로 번역만 해서 쓰는데, 그렇게 하면 첫인상에서 그다지 좋은 점수를 받지 못할 것이다.

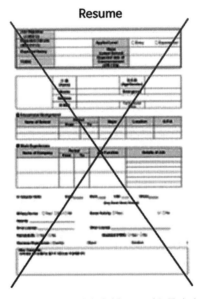

이런 형태의 영문 이력서 양식을 쓰는 것은 좋지 않다.

B. CV는 커버 레터(Cover Letter)가 아니에요!

CV를 커버 레터라고 생각하는 분들이 의외로 많다. CV는 Curriculum Vitae의 약자로 영연방국가, 유럽, 중동, 아프리카, 아시아 지역의 일부 기업의 채용 시 요구되는 영문 이력서이며, 미국에서는 연구나 교육 쪽의 일자리에서만 요구되는 경향이 있다. 그런 경우 연구나 조사 경험, 출판 경험,

수상 내역, 자격증 등 본인의 학력 사항 및 경력 사항을 자세하게 기술하기 때문에 2페이지 이상 넘어가는 경우가 일반적이다.

 TIP

입사 지원을 하는 기업에서 Resume 또는 CV를 명시하면 맞춰서 작성하면 되며, 특별한 명시 없이 영문 이력서라고 한다면 Resume를 제출하면 된다.

2. 영문 이력서와 국문 이력서의 차이

A. 양식의 차이

국문 이력서와 영문 이력서의 차이점은 단순히 다른 언어로 쓰였다는 것뿐만 아니라, 문서의 양식 및 작성 요령 또한 차이가 있다. 아래는 국문 이력서와 영문 이력서의 양식 예시다.

〈국문 이력서 양식〉   〈영문 이력서 양식〉

전혀 다른 양식이며 강조하고 있는 내용도 다르므로, 국문 이력서를 영어로 번역해서 외국계 기업에 입사 지원하게 되면, 외국계 기업의 입장에서는 아주 기본적인 입사 지원 양식조차 모른다고 생각할 것이다.

예를 들어 외국계 기업의 경우에 나이, 외모, 성별 등에 의한 차별에 예민하기 때문에 증명사진, 생년월일, 성별, 출생지, 인종, 피부색 등이 들어가지 않으며, 부모님 및 형제자매의 인적 사항 또한 업무의 능력과 무관하기 때문에 포함하지 않는다. 민감한 개인 정보가 있는 경우 삭제를 요청하거나 이력서를 접수하지 않고 서류 탈락을 시키는 경우도 있으므로 지원을 하기 전에 잘 리뷰해야 한다.

💡 TIP

대체로 자유 양식이지만 회사 자체 양식을 사용하는 곳도 있으므로 그에 맞게 작성을 하면 된다. 오래된 외국계 제조업의 경우 국문 이력서 양식의 영문 번역본 형태의 자체 양식을 사용하는 곳도 있다.

B. 내용의 차이

국문 이력서와 영문 이력서는 형태뿐 아니라 들어가는 내용과 서술의 방식이 다르다. 국문 이력서의 경우는 취업 기간, 회사명, 최종 직급, 업무 내용 등을 자세한 설명 없이 몇 단어로 간단히 나열하지만, 영문이력서에는 했던 업무 내용에 대해 상세히 설명해야 한다. 설명할 때는 "열정적이다, 긍정적이다" 같은 추상적인 미사여구가 아니라 자신이 얼마나 유능한 인적 자원인지 구체적인 증거를 보여 주어야 한다.

에를 들어 "전체 350명 신입 사원 중에서 3명에게만 주는 최고의 신입 사원상을 수상하였다."든지, "2018년 2분기에 3,000만 원의 온라인 광고비를 집행하였으며, 전 분기 고객 획득 비용(Customer Acquisition Cost)을 4만 원에서 2만 원으로 50% 낮추었다."처럼 구체적인 증거를 보여 주어야 한다.

외국계 기업의 경우, 구인 공고에서부터 국내 기업보다 업무 내용(Job Description)이 명확하고 구체적인 이유도 이와 관련이 있다. 누구보다도 해당 업무를 잘 해낼 인재를 뽑기 위한 것이기 때문에 자신의 업무능력을 객관적으로 명확하게 보여 줄 필요가 있다.

3. 영문 이력서 기본 구성

맨 위부터 작성 순서대로 알아보자.

A. 인적 사항(Personal Identification)

> ### Jane Smith
>
> Address Line1, Address Line2. City, State Sip * 212)256-1414 * jane.smith@gmail.com

인적 사항은 필수 항목이다. 영문 이력서 최상단에 자신의 이름(Name), 거주지 주소(Address), 휴대폰 번호(Phone Number), 이메일 주소(E-mail Address) 등 자신의 인적 사항을 기재하며, 주소는 상황을 보고 기재하지 않아도 된다. 나이(생년월일), 성별(남/녀), 결혼 유무, 국적, 사진은 영문 이력서에 포함시키지 않는다.

B. 커리어 요약(Career Summary, Job Objective 등)

> ### CAREER SUMMARY
>
> Analytically-driven maintenance mechanic with 5+ years of experience focusing on the intricacies of equipment and instrumentation

키리어 요약은 선택 사항이다. 1~2 문장으로 자신을 확실히 어필할 수 있다면 포함시키면 좋지만, 미사여구만 가득한 임팩트가 없는 커리어 요약은 없는 편이 좋다. 지원하는 부서 및 업무에 대해서 자신의 관련성 있는 경험 및 뛰어난 업무 능력을 1~2 문장으로 객관적으로 서술한다.

C. 학력 사항(Education)

EDUCATION

Mar. 2018 – Feb. 2023

Han Kook University, Seoul

Bachelor of Science in Electronic Engineering

G.P.A.: 3.76/4.5

학력 사항은 필수 항목이다. 대학교 이상(고등학교 이후)의 학력만을 작성하며 고등학교를 해외에서 졸업한 경우에는 고등학교부터 기재해도 된다. 학교의 이름, 학교의 위치, 학위 종류, 재학 기간, 졸업(예정) 날짜, 전공, 부전공, 학점(GPA), 장학금, 수상 내역 등을 적는다.

힉교 위치의 경우 도시, 주, 국가 순서로 석는데, 국내 지원의 경우 도시명만 적는다. 지원하는 직종과 직접적인 관련이 있다고 판단되는 내용이라면 수강한 수업 명, 단기 프로그램, 인증서, 어학연수, 동아리 활동 등을 써도 된다. 학력 사항이 대학교뿐 아니라 대학원을 포함하고 있다면 가장 최근에 획득한 학력(최종 학력)부터 과거순으로 기술한다. 신입의 경우에는 영문이력서에서 학력 사항을 경력 사항보다 상단에 위치시키고, 경력의 경우에는 경력 사항을 먼저 쓰고 학력 사항을 적으면 된다.

D. 경력 사항(Professional Experience)

PROFESSIONAL EXPERIENCE

ABC Industry Corporation, Seoul

Hardware Engineer -Precedent research team, Apr 2015 – Present

· Established a document containing 16bit and 32bit ECU (Electric Control Unit) electronic characteristics.

· Enhanced a 32bit ECU by adding Fault Collection and Control Unit functionality and editing blueprints via OrCAD and PADS.

· Formalized a thermal interpretation method using PADS and interpreted targets for the latest development products.

경력 사항은 영문 이력서에서 가장 중요한 부분이다. 회사의 정확한 영문 명칭, 위치, 재직 기간 등을 적어 준다. 경력 사항은 최근 경력부터 과거순으로 기술한다. 가능하다면 객관적 수치를 포함해서 최대한 자세하게 적어 주면 되는데. 아래와 같은 사항들이 포함된다. 신입의 경우 인턴, 파견 계약직, 장기 근무한 아르바이트 등의 경력을 쓰기도 한다.

- 현재 직장에서 성과를 거둔 경험

- 지원자가 해결했던 문제는 무엇이고 결과는 어떻게 되었는지에 대해 기술

- 현재 직장에서 지원자가 긍정적으로 기여한 부분에 대해 기술

- 성과를 거둔 프로젝트에 대해 기술

- 지원자의 능력을 인정받았던 경험

- 수상 경력에 대해 기술

- 기타 업무 경력 및 성과 내용

E. 추가 능력(Additional Skills)

ADDITTIONAL SKILLS

· Computer – Skilled in OrCAD, P-SPICE and PADS

· Language – Korean(native), Business level proficiency in English

---

추가 능력은 선택 사항이며 지원하는 직무에 직접적으로 관련된 능력을 기술하면 된다. 관련된 공인 자격증, 외국어 능력, 컴퓨터 숙련도 등을 기술하면 되고, 자격증 및 외국어 능력 등에 여러 등급이 존재한다면 등급도 함께 적어 주면 좋다.

4. 영문 이력서 작성 시 유의 사항

A. 잘 쓸 자신 없으면 적지 마라

커리어 요약(Career Summary), 직업 목표(Job Objective) 등 자신을 어필하는 글을 넣고 싶다면 자신이 회사에 어떤 방식으로 얼마나 도움을 줄 수 있는지 구체적인 증거를 바탕으로 명확하게 어필해야 한다. 만약 그렇지 못하고 미사여구만 줄줄이 나열하는 글이라면 오히려 부정적인 이미지를 줄 수 있으니 적지 않는 것이 좋다.

B. 관련성이 없다면 적지 말고, 분량은 한 장이 좋다

경력 사항 및 추가 능력이 무조건 많을수록 좋은 것이 아니다. 채용 공고에 나와 있는 JD(직무 설명서)를 자세히 읽어 보고 관련 있는 경력 사항 및 추가 능력만 적는 것이 좋다. 신입 또는 5년 미만의 경력직일 경우 영문 이력서는 1장이 적당하며, 5년 이상의 경력직일 경우에도 영문이력서는 웬만해서는 1장이 좋다. 10년이 넘어가서 성취한 것이 너무 많다면 최대 2장까지, 그 이상 넘어가면 수십에서 수백 명의 후보자들을 단시간에 파악해야 하는 채용 담당자 입장에서는 피로해질 수밖에 없으니 요약해서 적도록 하자.

스펙은 매우 뛰어나지만 서류에서 매번 탈락한다고 해서 조언을 해 주었던 경우가 있는데, 이력서가 무려 5장이나 되었다. 그 내용을 자세히 보면 훌륭한 경력을 갖추었으나 글이 너무 장황하고 내용이 많아 중복되거나 중요하지 않은 사항도 많아서 읽는 데 한참이 걸렸고, 진짜 능력이 무엇이고 무엇을 했는지 의문이 들었다. 서류를 요약하고 핵심을 찾는 것이 업무의 중요한 능력인데, 그러한 정리가 되어 있지 않다면 서류의 내용이 진실한 것인지 의문을 가질 수밖에 없다.

C. 장점이 아니라면 적지 마라

너무 솔직할 필요는 없다. 거짓말을 하면 안 되지만 자신에게 긍정적인 도움을 주지 않는 정보라면 기입하지 않는 것이 좋다. 대표적으로 학점(GPA)의 경우는 누가 봐도 눈에 띄게 낮다면 적지 않는 것이 좋다. 점수는 학교에 따라 다르기 때문에 일반화하기는 어렵지만, 일반적으로 학점이 3.0 미만일 경우에는 적지 않는 것을 추천한다.

서류 통과가 하나도 되지 않는 졸업반 학생이 찾아왔었는데, 이력서를 보니 다른 부분은 다 좋은데 학점이 2점대였다. 그래서 학점을 뺄 것을 권하였고, 이후로 서류 통과는 잘 되었으며, 포춘 글로벌 500 기업에 입사했다. 지원 회사에서 별다른 수정 요청이 없으면 그대로 진행하면 되고, 혹시나 면접에서 물어보면 있는 그대로 얘기하면 된다. 서류가 이상하다고 판단했으면 통과되지 않았을 것이고, 면접에 불렀다면 그 외 직무 역량을 보고 판단했을 것이기에 크게 문제 삼지는 않을 것이다.

하지만 반대로 얘기하는 분들이 있다. 학점을 적지 않을 경우 회사에서는 '학점이 아주 엉망이군.' 하고 생각할 수 있기 때문에 반드시 있는 그대로 적는 것이 좋다고 한다. 적어서 통과가 안 되는 것보다 '자유 양식의 이점을 최대한 활용'하는 것이 더 효율적이다. 이 부분에 대한 판단은 상황에 따라 각자가 하면 되며 정답은 없다.

D. 대학교 이전의 일은 필요한 경우에만 적어라

고등학교 때 아무리 화려한 입상 기록 및 경력을 가지고 있다 하더라도 이력서에 적지 않는다. 고등학교 경력을 적게 되면 이력서가 비전문적(Un-professional)으로 보이기 때문에 전체적으로 신뢰도를 떨어뜨린다. 한 번 획득하면 없어지지 않고 효력이 계속되는 자격증의 경우는 예외다. 고등학교 때 따 놓은 정보처리기사 자격증이나 직접 개발해서 출시한 APP이나 프로그램 등과 같은 직무와 직접적인 관련성이 존재한다면 쓰는 것이 좋다.

E. 숫자로 구체화하라

채용 공고에는 많은 경쟁자들이 지원한다. 모든 지원자가 가장 좋은 언어로 자신을 포장하려고 하기 때문에 "열정적이다, 긍정적이다"와 같은 형용사로 이루어진 미사여구는 나의 능력을 돋보이게 하지 못한다. "500 대 1의 경쟁률을 뚫고 제일기획 광고 공모전에서 상을 받았다.", "인턴십을 하면서 구글 키워드 광고 최적화를 통해서 월 매출을 3,000만 원에서 6,000만 원으로 2배 성장시켰다." 같은 구체적인 숫자에 기반을 두고 있는 결과가 더 강력하게 여러분을 어필시켜 준다.

F. 지원할 때마다 이력서를 최적화하라

지원할 때마다 이력서를 최적화하는 부지런함을 보여 주는 게 좋다. 각 채용 공고마다 채용하는 직무와 그 세부 내용이 다를 뿐 아니라 채용하는 회사의 주요 사업이 다르기 때문에 해당 채용 공고에 맞춰서 이력서를 매번 최적화해 주면 서류 전형 합격률이 올라간다. 처음에는 귀찮겠지만 몇 번 하다 보면 요령이 생기고 기존의 글을 재활용할 수 있기 때문에 점점 더 시간이 줄어들게 된다.

이력서 업데이트에 좋은 방법은 지원하는 업종+직무에 맞춰서, 표준을 만들고 그것을 각각 업데이트하는 것이다.

G. 철자 및 문법 실수를 저지르지 마라

국문 이력서든 영문 이력서든 철자(Spelling) 및 문법 실수를 저지르면 지원자의 신뢰는 당연히 떨어지므로 꼭 제출 전에 체크해서 바로잡아야 한다.

H. 그림, 컬러, 밑줄, 대문자 등 너무 화려하게 쓰지 마라

이력서는 내용으로 어필해야 하는 것이지, 문서의 형태나 스타일로 어필할 필요는 없다. 눈에 띄게 하기 위해서 화려한 그림, 컬러 글씨, 너무 많은 밑줄, 대문자 등을 남용하면 오히려 부정적인 이미지를 줄 수 있다. 가장 중요한 부분에만 굵은 글씨(Bold) 정도만 쓰도록 하고 다른 스타일은 꼭 필요하지 않다면 자제하는 것이 좋다.

이력서에 컬러를 세 개 이상 넣은 분이 있었는데, 강렬한 색상 때문에 내용을 집중해서 보는 데 어려움이 있었고, 프린트를 할 때 지저분하게 출력되었다.

I. 링크드인을 제외한 소셜네트워크 주소는 적지 마라

특수한 경우를 제외하고 링크드인(LinkedIn)을 제외한 페이스북, 트위터, 인스타그램과 같은 다른 소셜네트워크서비스(SNS)는 적지 않는 게 좋다. 직무 자체가 SNS 마케팅 및 관리와 관련이 있다면, 잘 관리했을 경우에만 한해서 적어도 좋다. 요즘은 링크드인을 통해 후보자를 더블 체크하기도 하며, 회사에서도 공개적으로 링크드인 링크를 삽입하라는 경우도 있다.

5. 직무에 맞는 영문 이력서 샘플 찾기

A. 구글에서 샘플 검색하기

가장 먼저 해야 할 것은 자신이 뭘 만들어야 하는지 알아가는 과정이다. 결과물이나 완성품을 보고 나면 어떻게 뭘 해야 할지 구상이라도 해 볼 수 있으므로, 영문 이력서(Resume) 샘플을 최대한 많이 찾아보는 것이 필요하다. 구글(www.google.com)에 "resume sample"이라고 검색하면 각종 샘플들이 쏟아져 나오는데, 너무 일반적인 양식이 많이 나오니 자신이 지원하는 직무에 더욱 특화된 영문 이력서를 검색해 보는 것도 좋다. 예를 들어 마케팅 관련 직무로 지원을 한다면 "marketer resume sample"로 검색해 보고, HR 관련 직무에 지원한다면 "HR resume sample"로 검색해 보면 보다 자신에게 필요한 샘플을 얻을 수 있다.

B. 영문 이력서 샘플 사이트

· 레쥬메 지니어스: www.resumegenius.com/resume-samples/
· 라이브 커리어: https://www.livecareer.com/resumes/examples
· 몬스터: www.monster.ca/career-advice/cover-letter-resumes/resume-samples

· resume.io: https://resume.io/resume-templates

· zety.com: https://zety.com/resume-templates

6. 영문 이력서 분야별 예문

영문 이력서(Resume)에서 경력 사항 부분은 자신이 최적의 인재라는 것을 어필할 수 있는 가장 중요한 부분이다. 경력 사항에서 경력을 기술하는 데 필요한 최적의 표현을 알아보자.

A. 관리직과 임원직

관리직과 임원직은 인사 채용, 교육과 평가, 업무 프로세스를 만들고 효율을 높이는 것이 목표이다. 이와 관련된 스킬을 돋보이게 하는 동사와 문장을 알아보자.

> · Lead: Led company-wide initiative to gain market share in the entertainment industry
>
> · Oversee: Oversee editorial development and production
>
> · Deliver: Delivered revenue increase of 11%
>
> · Handle: Handle the consolidation of print and online marketing departments
>
> · Orchestrate: Orchestrated the company's reorganization in 2022

B. 커뮤니케이션 분야

커뮤니케이션에 관련된 분야는 글쓰기, 말하기, 프리젠테이션 스킬이 요구된다. 저널리스트, PR, 편집, 마케팅 업무가 이에 해당된다.

· Draft: Draft industry-wide guidelines for safety practices

· Edit: Edit corporate newsletters and web pages

· Collaborate: Collaborate with other department heads on task force

· Synthesize: Synthesized product reviews and recommended necessary improvements

· Propose: Proposed improvements to products and processes based on user testing

---

C. 리서치 분야

리서치 포지션은 대기업, 스타트업 기업, 학문 연구 관련 기관 등 다양한 조직에서 채용하고 있다.

· Investigate: Investigate claims of substandard building practices

· Measure: Measure toxins released at DOE-approved hazardous waste sites

· Analyze: Analyzed the effects of new traffic pattern in central business district

· Interpret: Interpret healthcare policy for part-time and temporary employees

· Test: Test customer service support for new software release

---

D. 기술과 제품 개발 분야

IT 분야부터 자동차, 엘리베이터 디자인 등 기술과 제품 개발 분야에 필요한 동사와 표현이다.

- Design: Designed company intranet for 123 Hospital Systems
- Fabricate: Fabricate prototype for improved snow removal vehicles
- Operate: Operate lathe, milling machine, grinder, band saw, and drill press
- Maintain: Maintain office equipment including telephones, copiers, and fax machines
- Convert: Converted MS Excel spreadsheets to MS SQL server and MYSQL databases to save and manage storage space

E. 교육 분야

교사는 유치원부터 고등 교육 기관, 공립 학교와 사립 학교 등 많은 선택지가 있다. 기업, 정부 기관, 지역 센터 등에서도 일할 수 있다.

- Develop: Developed digital curriculum to engage students
- Coach: Coach nationally recognized school debate team
- Motivate: Motivated developmental math students to raise scores by 30%
- Train: Train company workforce on cultural sensitivity
- Tutor: Tutor adult literacy learners

F. 금융, 재정 분야

회계사, 뱅커, 애널리스트, 자산 관리자, 주식 중개 등의 직무가 이에 해당된다.

· Calculate: Calculated possible savings in rent if company converted to open office plan

· Project: Projected and managed revenue increase of 200K over five years

· Allocate: Allocate funds needed to institute digital curriculum at Sumerford School

· Balance: Balanced 123 Hospital Systems operating budget eight years in a row

· Conduct: Conduct weekly audits of inventory and costs

G. 크리에이티브 분야

광고 마케팅 디자인, 인테리어 등의 분야에 필요한 동사와 표현은 다음과 같다.

· Conceptualize: Conceptualize and create brochures from start to finish, including design, text, and production.

· Launch: Launched and promoted award-winning magazine for the Premier Properties community

· Integrate: Integrated best practices from the National Board of Ethics into 123

Hospital Systems guidelines

· Customize: Customize each product according to client's needs and preferences

· Strategize: Strategize with advertising team to prioritize venues and budgets

H. 사회 복지 분야

카운셀러, 상담가, 물리 치료사, 언어 치료사, 간호사, 의사, 소방관, 경찰 등 많은 직무가 이에 해당된다.

· Advocate: Advocate for clients who need assistance navigating local and federal social service systems

· Support: Support citizens who have been victims of crimes or feel they are in danger

· Provide: Provide comprehensive evaluation and exercise regimen for each patient

· Supply: Supply clients with a confidential venue to discuss/share their concerns

· Expedite: Expedite treatment of critical patients in the Emergency Room

I. 행정, 일반 사무 분야

전화 응대, 데이터 입력과 관리, 정산, 리포트 작성 등 다양한 업무가 있다.

· Implement: Implement new system for tracking company earnings

· Schedule: Schedule and coordinate all travel and meetings for three Vice Pres

   idents at Premier Properties corporation

· Route: Route and file all financial statements, internal memorandums, and arti

cles

· Assist: Assist the Vice President of Technology in tracking the development of

   new products

· Order: Order, receive, and store all office supplies

7. 영문 이력서 체크 리스트

A. 가독성을 확인하자

제한된 시간 안에 수많은 이력서를 검토해야 하는 인사 담당자에게 가장 잘 쓴 이력서는 빠른 시간 안에 핵심을 파악할 수 있는 이력서다. 한글 폰트는 받는 사람의 컴퓨터에서 깨져 보이는 경우가 있으므로 누구에게나 익숙한 영어 폰트를 사용한다(Times New Roman, Times, Sans Serif, Helvetica, Garamond).

본문 글자 크기는 10~12pt, 복잡하게 나열하지 말고 단문으로 간결하게 작성한다. 신입인 경우에는 한 장, 경력이 많을 경우에도 두 장은 넘기지 말아야 한다. 굵은 글자체, 기울임꼴, 밑줄, 대문자(CAPITAL LETTERS)를 너무 과다하게 사용하지 말아야 한다.

B. 한글 파일 ×, Word ○

대부분의 외국계 기업은 한글 파일(hwp 포맷)을 사용하지 않으므로 모든 서류는 MS office의 파일을 사용하는 것이 좋다. MS office가 없다면 작성한 파일을 PDF로 변환해서 제출할 수도 있으며, PDF로 제출할 때는 Font도 같이 포함되도록 하는 것이 좋다.

C. 핵심 역량에 집중하자

회사는 직무에 맞는 지원자를 뽑으려는 것이지 경력이 무조건 많고 스펙이 좋은 최고 역량의 사람을 찾는 것이 아니므로, 지원하고자 하는 업무와 분야에 맞는 역량과 가능성을 집중적으로 강조하자. 경력은 최근에서 과거순으로 기술한다. 학력에서는 전공이 중요하고, 경력은 담당했던 업무가 핵심이다. 업무 성과는 구체적이고 현실적으로 기술해야 하며, Job Description에서 사용된 키워드를 최대한 많이 포함하는 것이 좋다.

D. 검토하고 또 검토하자

구글 검색을 통해서 업무에 관련된 샘플 이력서를 찾아보고 참고하고, 또한 다른 사람 특히 주변에 현업자가 있다면 검토를 부탁하여 리뷰를 받아 보는 것이 좋다. 스스로 인지하지 못했던 실수를 바로잡고 다른 사람의 시각에서 다시 한번 이력서를 검토할 수 있다. 비판적이고 솔직한 충고를 받아들여서 이력서를 수정/보완하는 것이 좋고, 문법과 오타 점검은 필수다.

Chapter

4

(2) **실전** 노하우_
커버 레터(Cover letter)

1. 커버 레터 작성법

커버 레터(Cover Letter)를 한국말로 직역하면 "덮개 편지" 또는 "덮개로 쓰이는 편지"를 말한다. Cover Letter는 Resume 또는 CV 앞에 동봉하는 '편지'의 개념이며, 국내 기업 입사 지원 서류와 비교하자면 "자기소개서"와 가장 비슷하다고 할 수 있다.

Cover Letter의 주목적은 Resume나 CV를 보충 설명하는 '나의 이야기'를 들려주는 것이다. 그렇기 때문에 학력 및 업무 경력에 대한 배경이 제시되어야 하며, 그 배경이 지원하는 회사나 직종에 어떻게 연관되며 어떻게 도움이 될 수 있는지에 대해 어필해야 한다. 일반적으로 한 장 이내로 작성한다.

A. 커버 레터와 자기소개서의 차이점

외국계 회사라면 영문 이력서를 제출할 때 커버 레터(Cover Letter)를 함께 요청하는 곳이 있으며, 직급이 있는 경우에는 별도의 요청이 없어도 제출하는 것이 좋다. 커버 레터는 자기소개서와 거의 같은 뜻으로 이해되고 있으나, 일반적인 자기소개서와는 내용과 형식에서 차이를 보인다. 이력서에서 다 보여줄 수 없는 자신의 장점, 능력을 더 구체적으로 이야기해 준나는 면에서 커버 레터와 자기소개서는 비슷하지만, 커버 레터에서는 자기소개서와 달리 일신상의 이야기나 가족 구성원, 자라온 환경 등의 개인사는 이야기하지 않는다.

커버 레터에서는 "해당 직무에 자신이 왜 적격인지"를 지금까지의 업무 경력, 관련 경험, 해당 업무에 대한 관심 및 동기, 자격 요건 등을 통해서 구체적으로 설득해야 한다. 해당 직무와 관련이 없는 내용은 언급하지 않으며, 양식은 영문 편지의 양식과 동일하다.

B. 커버 레터의 구조와 구성

커버 레터의 구조와 구성은 공적인 비즈니스 편지(Formal Business Letter)의 형식이다. 길이는 A4 용지로 한 장이 적당하고 단락과 단락 사이에는 한 줄을 비우며, 단어는 정중하고 전문적이고 공식적인 단어를 선택하는 것이 좋다. 맨 위에는 연락처 정보를 넣고 본문은 인사말, 서두, 본론을 넣고 맨 아래에 맺음말을 넣는다.

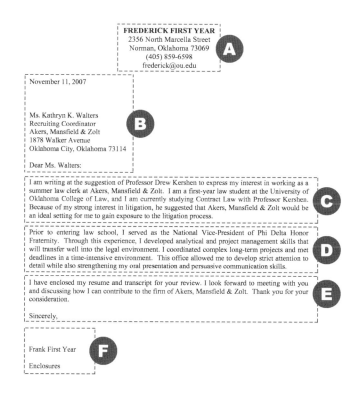

FREDERICK FIRST YEAR
2356 North Marcella Street
Norman, Oklahoma 73069
(405) 859-6598
frederick@ou.edu

A

November 11, 2007

Ms. Kathryn K. Walters
Recruiting Coordinator
Akers, Mansfield & Zolt
1878 Walker Avenue
Oklahoma City, Oklahoma 73114

Dear Ms. Walters:

B

I am writing at the suggestion of Professor Drew Kershen to express my interest in working as a summer law clerk at Akers, Mansfield & Zolt. I am a first-year law student at the University of Oklahoma College of Law, and I am currently studying Contract Law with Professor Kershen. Because of my strong interest in litigation, he suggested that Akers, Mansfield & Zolt would be an ideal setting for me to gain exposure to the litigation process.

C

Prior to entering law school, I served as the National Vice-President of Phi Delta Honor Fraternity. Through this experience, I developed analytical and project management skills that will transfer well into the legal environment. I coordinated complex long-term projects and met deadlines in a time-intensive environment. This office allowed me to develop strict attention to detail while also strengthening my oral presentation and persuasive communication skills.

D

I have enclosed my resume and transcript for your review. I look forward to meeting with you and discussing how I can contribute to the firm of Akers, Mansfield & Zolt. Thank you for your consideration.

Sincerely,

E

Frank First Year

Enclosures

F

① **지원자 연락처**(Contact Information)

자신의 이름, 거주지 주소, 휴대폰 번호, 이메일 주소를 중앙 또는 왼쪽 상단에 기입한다.

② **인사 담당자 연락처**

가능하면 수신인의 이름, 즉 지원 회사의 인사 담당자 등 이력서를 심사하는 사람의 이름을 파악하는 것이 좋다. 정 파악이 어렵다면 회사에 전화를 걸어서 확인해도 상관없다. 이름을 알고 모르는 것이 무슨 차이가 있을까 하는 생각이 들겠지만, 알고자 하는 노력 자체로 자신이 그 회사에 얼

미니 관심을 가지고 있는가에 대한 반증이 되기 때문에 사소한 점이지만 중요한 의미를 가진다고 볼 수도 있다. 이름과 직책을 정확히 확인하고 스펠링도 확인해서 오자가 나오지 않도록 유의해야 한다.

③ 서론

첫 문장에는 자신이 지원하고자 하는 분야에 대해 쓰고 혹시 그 회사에 지인이 있다면 지인의 이름을 언급해도 상관은 없지만, 레퍼런스 참고를 위한 정보 제공의 목적 정도로만 생각하는 게 좋다. 지원 회사에 대해 알고 있는 바와 지원 동기를 쓰고, 본론과 많은 부분 겹치지만 않는다면 자신의 경력을 간단히 요약해서 명시하는 것도 가능하다.

④ 본론

본론에서는 채용 공고에 있는 지원하는 분야에 자신이 왜 적절한 인재인지 명확하게 설명해야 한다. 직무와 직접적으로 관련된 직장 경력, 관련 경험, 기술 및 능력 등을 통해서 회사가 필요한 인재라는 것을 설명해야 한다.

방법은 정형화된 것이 없으나 먼저 지원 회사에서 원하는 자격 요건에 대해 언급하고, 그 요건에 맞는 자신의 자격을 나열하는 것이 바람직하다. 본인만의 경쟁력을 바탕으로 한 입사 후 포부를 과하지 않은 정도로 밝혀도 괜찮다. 필요하다면 Job Description에 나와 있는 키워드를 이용해도 무방하다.

⑤ 결론

결론에서는 강조하고 싶은 내용을 한 가지 정도 반복해서 말해 준다. 그리고 입사에 대한 적극성을 보여 주는 것이 좋은데, 인터뷰를 원한다는 사실을 적극적으로 어필하고, 만약 일주일 안에 답장이 없다면 다시 연락드리겠다고 말하는 것도 좋다. 마지막은 일반 편지와 같이 감사의 말로 마무리한다.

⑥ 맺음말 및 서명

자신의 편지의 맨 아랫부분에는 Sincerely 또는 Best regards와 같은 맺음말을 포함시키고 인쇄된 자신의 이름 옆에 자필 서명을 넣으면 되는데, 요즘은 다 온라인으로 하므로 파일에 '그리기' 등으로 서명을 입력하면 된다.

2. 직무에 맞는 커버 레터 샘플 찾기

A. 구글에서 샘플 검색하기

위에서 영문 이력서(Resume)를 검색했던 것과 같은 방식으로 커버 레터 또한 찾아볼 수 있다. 구글(www.google.com)에 "cover letter sample"이라고 검색하면 일반적인 양식들이 많이 나온다.

따라서 자신이 지원하는 직무에 특화된 커버 레터를 검색해 보자. 예를 들어 마케팅 관련 직무로 지원을 한다면 "marketer cover letter sample"로 검색을 해 보고, 인사 채용 관련 직무로 지원한다면 "HR cover letter sample"로 검색해 보면 보다 자신에게 필요한 샘플을 얻을 수 있다.

B. 커버 레터 샘플 사이트

· 레쥬메 지니어스: https://resumegenius.com/cover-letter-examples
· 라이브 커리어: https://www.livecareer.com/cover-letters/examples
· 인디드커리어가이드: https://www.indeed.com/career-advice/cover-letter-samples

3. 커버 레터 체크 리스트

A. 회사마다 수정하거나 새로 작성하라

어디에나 똑같은 프로필을 제출하고 원하는 결과를 얻기를 바라서는 안 된다. 지원하는 회사마다 강조해야 하는 학력 사항, 스킬, 경험이 다르고 적합한 스타일도 다르기 때문이다. Job Description을 꼼꼼하게 읽어 보고 어떤 직무의 어떤 역량을 가진 인적 자원을 원하는지 잘 이해하고 커버 레터를 작성해야 한다. 회사의 홈페이지 및 기사를 찾아보는 부지런함은 필수다.

> ## ஜ Tip
> 지원하는 회사명과 다른 회사명을 기재하면 채용 담당자에게 필터링의 대상이 될 수 있다. 최종 제출 전에 꼭 기재된 회사명을 지원 회사명으로 모두 바꾸었는지 확인하도록 하자.

B. 커버 레터에서 영문 이력서에서 하지 못한 말을 하라!

영문 이력서에 말한 내용 중 직무와 가장 관련 있는 부분에 대해 좀 더 디테일하게 얘기하는 것이 좋다. 보통 해당 직무에서 가장 필요한 능력 2~3

가지를 강조하는 것이 좋다. 해당 경력이 없다면 관련된 교육 이수 또는 간접적으로 도움 될 수 있는 경험을 어필해도 좋다. 직무 분야가 바뀌었거나 경력 단절이 있다면 이를 설명하는 것도 효과적일 수 있다. 대신 구구절절 설명하지 말고 짧고 간결하게 설명해야 한다.

C. 검토하고 또 검토하자

영문 이력서와 마찬가지로 제출 전에 자신이 아닌 다른 사람을 통해서 리뷰하는 것이 좋다. 스스로가 알아채지 못했던 실수를 바로잡을 수 있고, 비판적이고 솔직한 충고를 받아들여서 커버 레터를 수정/보완할 수 있기 때문이다.

Chapter 5

실전 노하우_
국문 이력서, 자기소개서
서류 **평가 기준**

1. 외국계 스타일 국문 이력서

국내 기업용 이력서는 정해진 칸에 필요 정보에 대해 키워드 위주로 입력하지만, 외국계 기업의 국문 이력서는 영문 이력서와 마찬가지로 서술형으로 최대한 구체적으로 작성한다.

〈국문 이력서 양식〉　　〈영문 이력서 양식〉

그 작성 방법은 영문 이력서와 동일하며, 언어만 한국어로 한다고 생각하면 된다.

경력직의 경우 국내 기업은 이력서와 경력기술서를 함께 요구하지만, 대부분의 외국계 기업은 이력서만 요구하는 곳이 많다. 이력서 내에 경력 기술이 들어가기 때문이다. 영문과 마찬가지로 사진, 성별, 나이 등의 정보는 따로 요청 사항이 없다면 입력을 하지 않는 것이 일반적이다.

작성 순서와 그 방법은 영문 이력서의 내용과 동일하니, 영문 이력서 작성 방법을 참고하여 작성하면 되겠다.

홍 길 동

서울시 송파구 올림픽로 ○○○
gdh@gmail.com / HP. 010-○○○○-○○○○

● 학력 사항

17.03.~22.02.
○○대학교 화학 전공 / 국제통상 연계전공   **(서울)**
학점: 3.61 /4.5
· 2018년도 1학기 입학성적우수자 장학금

20.07.~20.08.
해외단기연수 장학생   **(뉴욕, 미국)**
 University of America English Language Academy, Global English Plus, Advanced Level 수료

● 경력 사항

ABC코리아 SCM팀(6개월 계약)   22.03.~22.09.
 -구매계획 수립, 구매원가 분석, Order management, 납기관리 재고관리

AA전자 가전사업부 구매팀 인턴   21.07.~21.08.
 -Order ERP 입력, 엑셀로 구매 내역 분석

KB물류 물류팀(아르바이트)   20.07.~20.08.
 -물류 창고 입출고 관리, 입출고 내역 ERP 입력

● 관련 활동

물류관리기본과정 수료, 한국생산성본부   19.10.~19.11.

 - 물류 관리의 기본 개념 정리
 - 물류관리와 SCM의 관계 이해

● 보유 스킬

영어 비즈니스회화 가능_Business-level proficiency in English
엑셀 활용 능력 상

● 수상

16.10.   분석화학 우수학생상   (대한화학회 분석화학분과)

● 자격 사항

TOEIC 845 (21.03.)
TOEIC Speaking Lv.6 (21.05.)
컴퓨터활용능력 2급 (22.01.)

김 ○ ○

서울시 동대문구 ○○동 1000-○호
xxkim@gmail.com / HP. 010-○○○○-○○○○

● 학력 사항

15.03.~ 19.02.

○○대학교 영어영문학과 전공 (서울)

학점: 3.50 /4.5

· 2015년도 1학기 입학성적우수자 장학금
· 2018년 교내 영어 Speech 대회 우수상

● 경력 사항

㈜ ○○○코리아 물류관리팀/구매담당 22.03.~현재

-SCM, 구매계획 수립, 재고관리, 수출입통관, 납기 관리, 안전재고 관리
-인체유래물질, LMO 신고 월 30건
-온도, 유효기간 기준 3000가지 시약 제품 군의 Inventory turnover system 수립
-화학물질 안전관리법, 화학물질 등록 평가 법 준거 유해화학물질 수입 신고 및 관리

㈜ ○○주식회사 무역 팀/구매담당 19.03.~22.03.

-SCM, 구매계획 수립, 구매원가분석, 납기 관리, 수출입통관, 재고관리
-월 30회 발주, 미국, 유럽, 일본 LCL화물 월30건 입고
-Demand Forecast System 수립, 안전재고적중률 70% 개선
-NOR-JPN-KRW중개무역을 직수입으로 협상, 원가 11% 절감

● 관련 활동

SCM의 이해과정 수료(한국상공회의소) 18.01.~18.02.
정규무역실무과정 수료(한국무역협회) 18.11.~18.12.

● 보유 스킬

영어 비즈니스회화 가능_Business-level proficiency in English
중국어 회화 상
엑셀 활용능력 상

● 자격 사항

OPIC IH 취득(18.04.22.)
마이크로소프트 MOS 2016 Master(18.01.)

2. 외국계 스타일 자기소개서 작성법

A. 회사에서 가장 듣고 싶은 얘기는?

국내 기업의 경우 자기소개서 항목에 성격의 장단점, 지원 동기, 입사 후 포부 등 여러 항목이 있는데, 외국계 기업의 경우 대부분 자유 양식이며, 자기소개서에서 가장 보고자 하는 부분도 역시 직무와 관련된 경험 부분이다. 지원하는 직무와 관련하여 '어떤 경험이 있고, 이를 통해 어떤 인사이트와 스킬을 얻었는지'가 회사에서 가장 궁금한 부분이다. 따라서 이력서의 내용 중 가장 중요하게 생각하는 부분과 관련된 경험을 구체적으로 작성하면 된다. 하나의 주제, 스토리만 작성해도 되는데, 어필하고 싶은 내용이 더 있다면 2개까지는 괜찮지만 이력서와 마찬가지로 1장을 넘어가는 건 좋지 않다.

B. 작성 방법

대원칙 1. 본인의 이야기여야 한다.

대원칙 2. 두괄식 작성

대원칙 3. 구체적이고 정량화된 표현

대원칙 4. 직무와 관련된 경험 1~2가지만 작성

본인의 이야기가 아닌, 어디서 들은 좋은 이야기들을 가져와서 쭉 나열하면서 본인이 바로 그런 사람이라는 식의 이야기는 좋지 않다. 철저하게 본인의 경험 위주로 작성해야 한다.

[안 좋은 예시]

"성실하게 최선을 다하자! 덤벼라 세상아~"

제가 가장 좋아하는 문구들입니다. 위 문구들을 신념으로 삼으며 남보다 높은 목표 의식을 가지고 모든 일에 열중하고 있으며, 하루하루 성장을 위해 노력해 왔습니다. 어느 시대, 어느 사회를 막론하고 능력은 있으나 성실하지 못한 사람보다는 조금 부족하더라도 부단히 자신의 노력을 게을리하지 않는 사람이 더 필요한 인재상이라 생각합니다. 따라서 어디서 무엇을 하든지 항상 성실하고 더 열심히 노력하고 깊이 생각해서 더 창조적인 목표를 세울 수 있는 창의적인 인간이 되도록 노력하고 있습니다.

좋은 문구를 많이 가지고 왔으나, 의지만 피력할 뿐 그와 관련된 본인의 실제 스토리가 전혀 없다. 따라서 이런 식의 글은 아무런 어필이 되지 않는다.

① 두괄식 작성

국내 자기소개서는 기승전결 형식으로 결론이 가장 마지막에 나오는데, 외국계 기업은 결론이 먼저 나오는 두괄식을 좋아한다. 업무상 쓰이는

E-mail 포함 모든 문서는 두괄식으로 작성하기 때문에 자기소개서를 읽는 채용 담당자 또한 두괄식이 편하고 눈에 잘 들어온다.

② 소제목

소제목에 말하고 싶은 요지의 결과를 수치화(정량화)하여 작성하라!

소제목만 보고도 후보자가 자기소개서에서 말하고자 하는 핵심 내용을 알 수 있어야 한다. 단순히 '열정적인 인재 ○○○'이라든지, '종갓집 맏며느리 같은 ○○○입니다' 등의 확인이 어려운 추상적인 표현들은 외국계 기업에서 좋아하지 않는다. 본문에서 말하고자 하는 내용의 결과를 정량화하여 표현하는 것이 좋다.

[잘못된 소제목 예시]

'영업에 필요한 자질, 스킬 ○○를 갖춘 지원자!'

'불가능은 없다. I'm possible!'

'성실함이 뭔지 보여 드리겠습니다.'

'○○는 이런 말을 했습니다. 제가 바로 그런 사람입니다!'

실제 필자가 채용을 진행할 때 받았던 서류의 소제목들이다. 위 제목을 봐서는 그 지원자에 대한 어떤 추측도 되지 않으며, 전혀 관심을 끌지 못한다.

'SAP이 아닌 Excel로 10,000개 품목, 50억 매출 관리'

'호주에서 40센트로 1개월 버틴 사연은?'

일단 제목만으로 이 후보자가 어떤 일을 얼마나 했는지, 어떤 성향인지 까지도 대강 그림이 그려지고, 그 내용이 궁금해져 본문이 보고 싶어진다.

③ 내용

두괄식 + 기승전결

- 말하고자 하는 내용의 결과(소제목)
- ~~~ 상황이었는데, (이하 본문)
- 여기서 ~~이렇게 해서,
- ~이런 결과를 만들었습니다.
- 이 과정에서 ~인사이트를 얻었습니다.
- 이러한 경험으로 ○○사에서 이렇게 역량을 발휘하겠습니다.

다음은 실제 합격 자기소개서의 축약 버전이니 참고만 하기 바란다.

[예시]

-○○약품 입사 2년 만에 50%의 매출 신장을 이루었습니다.

-○○사에서 ○○지역 30bed 미만의 의원급 거래처 100곳을 담당하였는데, 인수받았던 2020년 3월 당시에 실거래 업체는 40곳으로 40%밖에 되지 않았습니다. 원인을 살펴보니 ~~문제점이 있었고, 이를 이렇게 개선하니 실적이 나아지기 시작했습니다. 그 결과 2년 만에 처음 인수·인계를 받았을 당시보다 약 50%의 실적 개선이 이루어졌습니다.

-이 과정에서 영업과 고객 관리의 핵심은 ~~이라는 것을 알게 되었습니다.

-현재 □□사(지원하는 회사)의 시장 점유율은 30%인데, 경쟁사 대비 이런 약점이 있고 이런 강점이 있는 것 같습니다. 저의 ~~경험과 □□사의 ~~강점을 살린다면 3년 내 시장 점유율 50%까지 올릴 수 있을 거라 자신합니다.

사실 이분의 처음 자기소개서에는 숫자가 거의 들어가지 않아서 읽기에 답답하고, 어떤 일을 얼마나 했는지 직관적으로 알기 어려웠다. 그래서 계속 서류가 통과되지 않았었는데, 위와 같이 첨삭한 후에 합격하였다.

경력이 없는 신입의 경우, 꼭 인턴이 아니더라도 동아리 활동, 아르바이트라도 직무와 관련 있는 내용이 있다면, 그 활동에서 본인이 노력해서 개선했던 부분을 중심으로 작성하면 된다.

3. 이력서 작성 시 유의 사항

이것 때문에 탈락한다!

누가 이력서를 읽는가? 누가 여러분의 이력서를 읽게 되는가? 인사부장? 해당 부서 팀장? 헤드헌터? 이력서를 읽는 사람이 누구이건, 그 사람은 이미 이력서 더미를 앞에 둔 상태에서 어느 정도의 경력과 직무 능력을 가진 사람을 찾아야 하는지를 이미 알고 있다. 여러분의 이력서는 선발자가 검토해야 할 50부 또는 100부 중 하나일 뿐이다. 따라서 최초 1차 면접 그룹에 포함되기 위해서는 선발자가 원하는 내용을 정확하게 파악하여 이력서를 작성해야만, 그 4~5명의 면접자 가운데 포함될 수 있다. 그러기 위해서는 아래 내용을 꼭 참고하여 작성해야 한다.

A. 가장 싫어하는 이력서는 '일관성 없는 이력서'

'SCM 관련 자격증 취득, 마케팅 공모전 수상, 1급 전산 회계 자격증 취득, A 사 영업팀 인턴'

위 내용을 보고 채용 담당자들은 어떤 생각이 들까? '참 다재다능한 후보군, 우리 회사에서 할 일이 많겠는걸?'이라고 생각할까?

외국계 기업의 경우에는 '대체 이 친구가 하고 싶은 일이 뭐야?'라고 생각하는 채용 담당자들이 대부분일 것이다. 지원하는 직무와 관련된 이력을 중심으로 적어야 하는데, 본인이 내세우고 싶은 내용들 위주로 적는다면 채용 담당자들은 혼란스럽기만 하다. 힘들게 딴 자격증과 관련 경험은 인정하겠지만, 지원한 직무와 관련이 없다면 과감히 삭제하는 것이 좋다.

다 적어 놓으면 그걸 보고 회사에서 다른 직무에 대한 제안을 할 수 있다고 말하는 분들이 있다. 그건 어디까지나 유사 직무에 한해서지 아예 성격이 다른 직무 경험을 나열해 놓는다면, 업무에 대한 스페셜리티가 떨어지므로 선호하지 않는다.

B. 선발자가 원하는 내용으로 이력서를 작성하라

이력서를 작성할 때 기업이 원하는 내용은 고려하지 않고 마치 인생의 회고록을 쓰듯이 자신의 경험과 이야기만 기재하는 경우가 있다. 회사는 여러분의 개인 인생사에는 관심이 없다. 어떠한 직무 능력을 갖추고 있으며, 맡게 될 일을 얼마나 잘 수행할 것인지에만 관심이 있으므로 회사가 원하는 내용으로 이력서를 작성해야 한다. 솔직하게 이력서를 작성하되, 직무 내용과 직접적으로 관련 있는 내용에 초점을 맞추는 기술이 필요하다.

C. 이력서 작성 시 피해야 할 실수 및 주의 사항

① 지나친 요약

경력을 기술할 때 직무 내용을 지나치게 요약하게 되면 "별로 중요하지 않은 일을 맡은 직무 경험이 없는 사람"이라는 인상을 주게 된다.

② 자서전 형태

마치 한 편의 자서전을 쓰듯이 이력서를 작성하는 것은 금물. 회사는 개인의 삶에 대해 그다지 관심이 없으며, 해당 직무를 수행할 능력이 충분한지를 파악하려고 노력할 뿐이다.

③ 복잡한 포맷

복잡한 포맷을 사용한 이력서는 내용 파악이 쉽지 않다. 대개의 담당자들은 하나의 이력서를 검토하는 데 1분 정도의 시간을 투자할 뿐이므로, 직관적으로 읽히는 것이 중요하다.

④ 직무와 관련 없는 내용

선발자의 흥미를 끌 만한 중요한 정보가 불필요한 문장 속에 묻혀 버리는 수가 있다. 선발자에게 어필할 만한 주요한 내용을 눈에 잘 띄도록 이력서를 구성하고, 불필요한 내용이 편집에 영향을 줄 경우 과감히 삭제한다.

⑤ 회사명 대신 귀사(貴社)

귀사라고만 쓰면 자칫 뿌리는 이력서 중 하나로 보일 수 있고, 회사명을 넣는 경우 더 진정성이 느껴질 수 있다. 입사를 해서도 거래처에 대해서 귀사라고 하면 좋아하지 않는다. 예를 들어 견적서나 공문 내용 중에 '귀사의~'라고 쓰면 대부분 '○○전자'라고 고쳐 달라고 한다.

⑥ 신입의 경우 희망 연봉은 '회사 내규'

아무것도 검증되지 않은 신입을 뽑으면 최소 1년은 급여를 주면서 가르쳐야 하는데, 그런 사람이 희망 연봉을 기재하는 것 자체가 사실 무리가 있다. 굳이 꼭 적어야 한다면, '크레딧잡, 잡플래닛'과 같은 기업 정보 사이트 등에서 확인한 연봉 정보를 적는 것이 좋다. 3,000을 적어도 회사 내규가 3,500이면 그렇게 줄 것이고, 반대로 해도 그렇게 줄 것이니, 신입이라면 연봉보다는 자신이 커리어를 잘 쌓아 나갈 수 있는 곳인지에 대한 고민을 더 하는 것이 바람직할 것이다.

⑦ 뽑아만 준다면 뭐든 하겠다

외국계 기업에서 가장 싫어하는 표현이다. 기본적으로 지원자가 어떤 역량을 갖추었으며, 이런 역량을 지원하는 회사에 이렇게 발휘할 테니 나를 뽑아야 한다고 설득을 하는 것이 이력서와 자기소개서인데, 무작정 뽑아주면 시키는 대로 뭐든 다 하겠다는 식의 접근은 아르바이트를 지원할 때나 써야 될 표현이다.

⑧ 기타

오타 혹은 비문, 서식 정리 안 된 포맷, 줄 간격, 글씨체, 글씨 크기 등 서류 정리의 기본을 보여 주지 못하면 쓰레기통으로 직행한다.

4. 지원 시점

선접수 선면접!

채용 공고가 난 시점부터 언제쯤 지원서를 넣어야 할까?

보통은 2주 정도 혹은 채용 시까지라는 요건으로 공고를 내는데, 2주 동안 열심히 준비해서 마감 전날 이력서를 제출했는데 떨어졌다면, '적임자라 생각해서 지원했는데, 서류조차 통과가 안 되다니, 나는 도저히 안 되는 걸까?'라고 생각할 필요는 없다.

가장 큰 이유는 지원 시점 때문일 확률이 높다. 외국계 기업은 공고 첫날 들어온 서류부터 바로 검토하고, 그중 괜찮은 후보자가 있으면 다음 날에라도 면접을 보고, 빠르면 그다음 주에 출근을 시키기도 한다. 그래서 공고 기간이 아직 남아 있음에도 이미 채용 전 과정이 끝난 경우가 많다. 당장의 공백을 최대한 빨리 채우려는 부분도 있고, 회사가 생각하는 괜찮은 후보자의 서류가 들어오면 그를 놓치지 않기 위해 최대한 빨리 움직이려 한다. 국내 기업처럼 공고 기간이 끝날 때까지 기다렸다가 연락을 한다면, 그 좋은 후보자가 그동안 다른 곳에 면접을 보고 입사할지도 모르기 때문이다.

반대로 괜찮은 후보자가 없으면 공고 기간에 상관없이 채용 시까지 계속 진행하기도 한다. 한두 달 동안 계속 같은 공고가 채용 사이트에 올라오는 이유다.

기본적으로 외국계 기업의 채용은 '선접수 선면접'이니 꼭 참고해서 준비해야 한다. 그러기 위해서는 직무와 산업에 대한 기본 이력서 포맷을 만들어 놓고, 회사에 대한 정보만 바로 추가할 수 있도록 준비해야 하며, 설령 부족하다 하더라도 완벽한 서류를 위해 시간을 끌기보다 공고 후 만 이틀이 넘어가지 않도록 지원을 먼저 하는 것이 중요하다.

완벽한 서류 < 선접수

5. 서류 평가 기준

1년 365일 채용 업무만 수행하는 채용 담당자 입장에서 가장 중요한 것은 효율적으로 시간 내에 서류를 평가하는 것이다. 이를 위해 필자 기준으로는 정량 평가, 정성 평가 부분으로 나누고 아래 순서에 맞추어 진행한다.

서류 평가 기준은 물론 각 회사마다 천차만별이겠지만, 기본적으로 회사의 핵심 가치 부합성, 조직 적합성, 직무 적합성을 기준으로 삼아 평가한다. 그렇기에 큰 틀에서는 아래 사항에서 크게 벗어나지 않을 것이며, 서류 평가 담당자 입장에서 한 번 더 생각해 보고 작성하면 서류 통과에 큰 도움이 될 것이다.

A. 채용 담당자 필터링

① 필수 사항(필수 역량, 필수 자격증, 필수 경력 사항, 필수 외국어 역량)에 미흡, 미달하는 자인가? (정량 평가)

② 우대 사항에 미흡, 미달하는 자인가?(정량 평가)

③ 특별한 결격 사유가 있는가?(정성 평가)

[ex] 학점이 너무 낮은 경우, 대학 생활 동안 대외 활동이 아무것도 없는 경우, 긴 공백 기간이 있는 경우, 이력서 내용에 과장이 심한 경우 등

④ 회사의 핵심 가치, 조직 적합성, 직무 적합성에 전반적으로 일치하는가?(정성 평가)

⑤ 이력서상 뭔가 모호하거나 간단한 사항을 판단하기 위한 Phone interview(정성 평가)

1명 채용에 지원자가 100명일 경우 1, 2단계를 거치면 30~40%가 빠지게 되고 3~5단계를 거치면 30~40% 정도가 빠지게 된다. 이 과정을 거친 후 Hiring manager(채용하는 직무의 매니저)가 보는 이력서는 20~30여 개 정도가 남는다.

B. Hiring manager 필터링

① 기존 직원과 비교하여 최소 50% 내에 속하는 인재인가?

② 직무 적합성 기준 70% 이상 부합하는가?

③ 조직 융화 및 적응 측면에 문제가 없는가?

④ 지원자만이 가지는 뛰어난 강점이 있는가?

대략 상기의 관점을 기준으로 평가하여 필자 회사를 기준으로 최종 면접 대상자를 5배수 정도 분류한다. AI 역량 검사가 대세가 되어 대략 10배수 정도를 선정하고 AI 역량 검사 평가 이후 최종 면접 대상자를 선정하기도 한다.

6. 이력서 제출 시 유의 사항

A. 이메일 '제목'과 '내용'은 이렇게

외국계 기업은 이메일로 제출하는 곳이 많은데, 만일 제목을 아래와 같이 한다면 채용 담당자는 누가 어떤 직무로 지원했는지 알 수 있을까?

> · 이력서
>
> · 안녕하세요.
>
> · 지원합니다.

거의 대부분의 지원자들의 이메일 제목이 이러하다. 채용하는 입장에서는 메일 제목만 보고도 누군지 알고 싶어 하고, 또 그렇게 해야 관리가 편하니 [회사명_포지션_이름]과 같이 적는 것이 좋다.

> · 피플앤잡_마케팅_대리_브랜든

또는 그 회사에 지원을 하는 것이기 때문에 회사 이름까지 넣을 필요는 없으므로 [포지션/이름]만 적어도 된다.

> · 마케팅_대리_ 브랜든

포지션에 대리, 과장 등 직급 또는 연차 등이 있다면 넣고, 없으면 빼면 되고, 제일 마지막에 날짜를 넣어 주는 것도 괜찮다.

· 브랜드매니저_ 과장_ 브랜든 20230101

B. 본문 내용

본문 내용도 직관적으로 채용 담당자가 알아볼 수 있게 적어 주면 좋은데, 실제로 메일을 받아보면, 그 내용에 '. ' 하나만 있기도 하고, '지원합니다', '안녕하세요, 지원자 ○○○입니다.' 이렇게 누군지 알 수 없거나 반쪽자리 정보만 있는 경우가 많다.

메일의 내용은 이렇게 하는 것이 좋다.

안녕하세요, 영업 관리 지원자 브랜든입니다.
지원 서류 첨부하오니 참조 바라겠습니다.

브랜든
연락처: 010-○○○○-○○○○
email: barndon@peoplenjob.com

수많은 서류를 관리해야 하는 채용 담당자 입장에서는 최대한 파일을 열어 보지 않은 상태에서 기본 정보를 알고 싶어 한다.

· 기본 정보: 포지션/이름/연락처/E-mail

네임 카드로 아래 연락처와 E-mail을 남겨 놓으면 채용 담당자가 관리하기 편하고, 이렇게 보내는 사람이 거의 없기에 좋은 인상을 남길 수 있다.

C. 파일명 작성법

대체로 지원자들이 보내는 파일명을 보면, 아래와 같이 읽는 사람의 편의를 고려하지 않은 경우가 많다.

· 이력서

· 브랜든

그러니 아래와 같이 작성하면 채용 담당자들에게 좋은 인상을 남길 수 있다(이유는 '이메일'과 동일).

· [영업 관리_과장_브랜든] + 날짜(옵션)

나만 아는 파일명이 되어선 안 되고 받는 사람이 파일명을 수정할 필요 없게 해 주는 센스를 발휘하는 것도 하나의 업무 역량으로 평가받을 수 있다.

Chapter

실전 노하우_
면접 편

1. 외국계 기업의 면접 특징

웹스터 사전에 보면 인터뷰(면접)를 다음과 같이 정의하고 있다.

> "지원자에 대한 정보나 장점 등을 파악하기 위한 목적으로 실시하는 공식적인 만남이나 대화"

A. 대원칙! 면접은 대화이다

대규모 채용을 하는 국내 대기업의 면접을 떠올려 보면 면접관은 큰 테이블을 앞에 두고 앉고, 면접자는 저만치 떨어진 의자에 각을 잡고 앉아서 마치 갑을 관계처럼 질문하는 자와 대답하는 자 형식으로 진행된다. 일반화할 수는 없지만 상대적으로 외국계 기업의 경우 주로 회의실에서 마주 앉아서 대화하듯이 서로 말을 주고받는 경우가 많다.

따라서 딱딱한 분위기의 면접이 아닌, 캐주얼한 분위기의 면접일 가능성이 높기 때문에 예상 질문에 대한 모범 답변을 달달 외워서 가는 건 좋지 않다. 예상 질문에 대한 답변을 키워드 위주로 머릿속에서 한번 정리해 보고, 면접장에서는 그 키워드를 중심으로 그 상황과 분위기에 맞는 자연스러운 얘기가 나와야 한다.

문장 지체를 외우고 그와 똑같이 말하려고 하면 대화가 부자연스러워지거나 외운 내용이 갑자기 기억나지 않아 당황하는 경우가 생긴다. 본인의 생각과 의견 그리고 판단력을 면접장에서 보고 싶지, 준비한 내용을 기계같이 읽는 지원자를 채용 담당자들은 좋아하지 않는다.

B. 면접 횟수

직무, 경력, 산업군, 회사마다 다르지만 보통은 1~4차까지 본다. 제약/의료기기와 IT 개발 등 전문 직군 경력직의 경우 8차까지 진행하는 경우도 있다.

① 1차 스크리닝 면접 or AI 면접

해외에 있는 HR이 리크루팅을 하는 경우 채용 담당자와 전화 또는 화상으로 면접을 보게 되는데, 주로 영어로 진행되며 이력서에 기재한 사실이 맞는지, 지원 의사 등의 기본적인 사항들을 체크하는 과정이다. 국내에서 채용이 진행되는 경우 제약 회사를 중심으로 1차로 AI 면접을 실시하는 곳이 늘어나고 있는 추세다.

② 2차 실무 면접

직무 적합성 실무 면접으로 지원하는 직무의 직속 상사와의 면접이며, 가장 중요한 면접이다. 함께 일할 팀장 또는 임원이므로 사실상 결정권도 그에게 있다고 봐도 무방하다. 직무 경험, 역량 위주의 기술 면접이 주를 이룬다.

③ 3차 인사부서장 / 임원 면접

조직 적합성 및 인성 면접 위주로 질문한다. 직속 상사가 희망하는 후보자에 대해 큰 문제점만 발견되지 않는다면 탈락하지 않겠지만, 조직에 잘 적응해서 오랫동안 잘 다니고 회사에 기여할지를 주로 본다. 회사의 경영진 및 임원분들이라 시종일관 예의 바른 모습을 보여 주는 것이 더 좋다.

④ 4차 글로벌 본사 면접

지원하는 직무가 본사와의 커뮤니케이션이 있는 포지션은 아시아 또는 글로벌 본사 임원과 최종 면접을 보기도 한다. HR 직무에 지원한다면 APAC Region HR 또는 글로벌 본사 HR 총괄 director와 최종 면접을 보는 것이다. 회사에 따라서 합격의 당락을 좌우하기도 하지만, 대개는 한국 지사에서 원하면 합격하는 경우가 대부분이다.

> ### 💡 Tip
> 영업직군의 경우에 영어를 못 하더라도 한국 지사에서 원하면 합격할 수 있으니 도전해 볼 수 있다.

C. 인터뷰 준비

면접 일정이 정해졌다면 정확한 인터뷰 장소, 그리고 가능하다면 면접관의 이름(정확한 발음) 및 직위를 먼저 파악하는 것이 좋다. 또한 통상 면접관들은 이력서만 출력하여 보는 편이기 때문에 면접을 진행하면서 본인의 포트폴리오니 경력기술서를 강조하고 싶다면 별도로 출력하여 면접관에게 전달하는 것도 좋은 방법이 된다. 그럼 면접 준비 과정에 대해 보다 구체적으로 살펴보자.

① 지원하는 회사에 대해서 리서치한다

지원하고자 하는 회사에 대한 정보를 최대한 수집한다. 일반적으로 해당 회사의 고객, 경쟁사, 또는 사내 고객 상담실이나 홈페이지에서 유용한 정보를 얻을 수 있다. 또한 구글 검색을 통해 최근 회사와 관련된 이슈가 담긴 뉴스를 살펴보고, 특히 회사의 Annual report(연차 보고서)에 회사와 관련된 각종 정보가 모두 포함되어 있기 때문에 회사의 매출액, 영업 이익, 사업 전망(최근 중요시 여기며 투자를 늘리는 사업) 등을 미리 숙지하고 가면 면접 시 좋은 평가를 받을 가능성이 높다.

② Portfolio를 준비한다

자신의 기술이나 지식을 나타낼 수 있는 서류들의 포트폴리오를 만들어 지참한다. 포트폴리오는 간단히 깨끗한 바인더에 철해서 면접 시 면접관에게 제출할 수도 있고 아니면 파일로 만들어서 면접 시마다 참고용으로 제시하기만 해도 상관없다. 서류의 종류는 교육 기관의 학위 증명서, 자격증, 상장, 추천서, 경력 증명서, 수행했던 프로그램이나 프로젝트 등이다.

면접을 하는 도중에 준비한 서류와 관련된 질문을 받게 될 경우 자연스럽게 보여준다. 포트폴리오를 제대로 준비하면 면접관의 관심을 끌 수 있지만, 반대로 제대로 준비되지 않았을 경우에는 감점이 될 수도 있다.

③ 이력서에 작성한 내용을 기억해 둔다

이력서에 기입한 모든 내용은 면접 시 말하게 되는 내용과 반드시 일치해야 한다. 이력서 내용과 면접 내용이 차이가 날 경우 면접관은 이력서 내용을 의심하게 되며 관련 질문이 꼬리에 꼬리를 물고 이어지게 된다. 날짜, 회사명, 업무 내용 등에 대해 자신의 이력서를 모두 암기해 두어야 한다.

④ 모의 면접을 해 본다

대답이 불분명하거나 얼버무리게 되면 해당 분야에 대한 경험이나 지식이 없는 것으로 보이게 되는데, 이런 문제를 해결할 수 있는 방법이 바로 모의 질문과 답변을 작성해 보는 것이다. 아래 [2. 주요 면접 질문]을 참고하여 예상 대답을 한 번 글로 쭉 작성해 보면 생각의 정리가 될 것이다. 질문당 한두 번만 정리를 해 보고, 그 내용은 잊어버리는 게 좋다. 서두에서 설명했듯이 외운 문장 위주로 대답하려고 하면 부자연스러워지기 때문에 한 번 정리한 후에는 주요 키워드만 기억하고, 그 키워드 중심으로 여러 형태로 답변을 하는 연습을 입으로만 하는 것이 실제 면접에서 도움이 된다.

> 💡 **Tip**
>
> 예상 질문 및 답변 정리 → 주요 키워드 암기 → 거울 보고 연습 → 비슷한 환경에서 리허설 = 연습을 실전같이!!!

면접에서의 질문 내용은 다양하게 나올 수 있지만, 대체로 아래 주제 안에서 진행된다.

· 구체적 직무 성과

· 지원한 회사의 배경 및 직무 내용

· 지원한 회사의 제품 또는 서비스

· 지원 동기 및 장래 진로

⑤ 답변 방식

두괄식으로 한다. 먼저 질문에 대한 답변을 먼저 하고, 그 근거에 대해 말하는 형식이 좋다. 한국 스타일의 미괄식으로 답변을 하면 도중에 면접관이 말을 끊을 수도 있고, 긴장한 상황에서 기승전결로 얘기하다 보면 말이 장황해지면서 논점을 흐릴 수 있다. 따라서 질문의 요지에 대해 먼저 결론부터 얘기한 후 근거를 얘기하는 것이 좋다.

[ex] 왜 우리 회사에 지원했나요?

"○○사는 성장하는 산업군의 리딩 기업이고, 제 경험(경력)이 현 포지션에 적합하다고 판단되어 지원하게 되었습니다. ○○사는 현재 ○○산업군에서 30%의 시장 점유율을 가지고 있으며, 매년 10% 이상의 성장률을 기록하며 빠르게 성장을 하고 있기에 매력을 느끼게 되었습니다. 또한 저의 업무 경험, 관심사 등을 종합해 보았을 때 직무 명세서에 기재되어 있는 내용을 충분히 실현시킬 수 있는 인재라고 판단하였기 때문에 지원하게 되었습니다."

2. 면접 평가 기준

 비즈니스 관점에서 고용주과 피고용인의 관계를 생각해 보자. 고용주의 입장은 돈을 주는 입장이며, 듣고 싶은 사항은 "내가 당신에게 인건비를 이 정도 투자하는데 당신은 나를 위해 무엇을 어떻게 얼마나 해 줄 수 있나?"가 핵심이다. 따라서, 피고용인은 이에 대한 답변으로 직무에 필요한 역량 대비 본인의 역량이 얼마나 갖추어져 있는지 설명을 해 주어야 하며, 그에 대한 평가를 고용주가 면접을 통해 진행한다.

 상기 관점에서 기본적으로 본인의 역량을 철저히 증빙할 수 있는 과거의 경험을 토대로 직무 역량을 어필하는 것이 좋다. 신입의 경우 부족한 경험으로 인해 미래 지향적인 답변을 하는 경우가 많은데, 사람은 누구나 그럴싸한 말은 잘할 수 있으나 그러한 생각에 맞는 행동을 실행했는지는 아무도 모른다. 그렇기에 다시 한번 강조하지만 인턴, 파견직, 계약직과 같은 직무 경험을 쌓는 것이 중요하다.

 면접 평가 기준에 대해 조직 적합성, 직무 적합성, 인성/태도로 나누어 설명하고자 한다. 각 평가 기준마다 구체적 항목이 있으며 물론 이는 회사마다 다르다.

A. 조직 적합성

· 평가 항목: 기업 핵심 가치 부합도, 기업 인재상, 기업 및 직무 이해, 조직 문화 적응, 글로벌 역량 등

회사마다 직무마다 추구하는 가치관이 있고 이에 어느 정도 부합하는 인재를 선호하는 것이 사실이다. 면접관들이 가장 경계하는 부분은 솔직한 답변이 아닌, 면접에 대비하여 이상적인 인간상을 설정하고 그러한 사람인 양 연기하는 면접자다.

[ex] 꼼꼼하지 않은데 직무상 꼼꼼한 인재를 요구하여 꼼꼼한 사람으로 본인을 포장

물론 본인의 약점이나 치부까지 솔직하게 드러내서는 곤란하겠지만, 너무 본인과 다르게 본인을 묘사하는 경우 면접은 속일 수 있어도 언행 불일치라는 평가를 받지 않기 위해 입사 이후에도 계속해서 그러한 모습을 유지해야 하는 점도 잘 생각해 보기 바란다. 세상에 회사는 많고 포지션도 많다! 굳이 지원하는 회사에 모든 걸 맞추는 인재로 본인을 맞추어 꾸며야 할까?

면접관들은 면접을 진행할 때 많은 면접을 진행하게 되어 지원자의 답변에 대한 집중력이 떨어지기도 한다. 그렇기에 질문에 대한 답변을 간결하게 두괄식으로 답변하여 본인의 답변을 면접관이 집중할 수 있도록 만들

어야 한다. 두세 마디 할 것을 한마디로 요약하여 설명하는 연습을 해보는 것을 추천하고 본인의 생각과 답변을 먼저 제시하고 그에 대한 근거를 이야기하는 순서로 답변하는 것을 추천한다.

너무 경직된 자세와 표정보다는 제스처도 취하면서 면접자 본인에게 이목을 끄는 것도 좋은 방법이라 생각한다. 면접관도 사람이기 때문에 너무 긴장하여 소극적으로 면접을 보는 직원보다는 적극적이고 표현을 잘하는 지원자를 선호할 수밖에 없다.

간혹 질문에 대해 제대로 이해하지 못하고 긴장한 상태에서 답변하는 경우가 있는데, 기본적으로는 질문에 대해 집중하여 그 포인트를 잘 잡아야 하며 그렇지 못했다면 한 번만 더 설명해 달라고 하는 편이 낫다.

[질문 예시]

· 회사 핵심 가치 중에 가장 중요한 가치를 꼽고 그 이유에 대해 말해 주세요.

· 직무에 필요한 가장 중요한 회사 핵심 가치는 무엇이라고 생각하는가? 그리고 그 가치에 본인은 얼마나 부합하는가? 구체적인 사례를 통해 답변해 주세요.

· 외국인과의 의사소통에서 가장 중요한 것은 무엇인가요?

B. 직무 적합성

> · 평가 항목: 전공/전문 지식, 자격증, 기술, 직무 경험 등

직무 경험 관련 질문은 직무에 대한 이해에서 시작한다. 이 부분에서 지원자 간 편차가 꽤나 발생하는데, 실제 관련 직무를 경험한 지원자, 글만 읽고 직무에 대해 말하는 지원자, 경험은 하지 않았지만 관련 정보를 상세히 찾아보고 지원한 지원자 간 답변의 정도는 꽤 큰 편이다.

최근에는 회사 소개 영상, 브이로그, 회사 직무 소개(채용 홈페이지) 등을 통해 잘 구성하여 공개하고 있으니, 각 직무별 업무에 대한 이해는 실무 경험이 없더라도 인터넷을 통해서도 충분히 파악할 수 있다. 혹여 더 자세한 정보를 원할 경우 링크드인이나 지인을 통해 직무에 대한 부분을 물어보고 직무에 대한 충분한 이해를 쌓도록 하자.

직무에 대한 이해를 잘 답변하였으면 지원자가 얼마나 빨리 회사에 적응하고 본인의 역할을 다할 수 있을지 그에 대한 본인을 어필해야 한다.

> **[질문 예시]**
> · 본인이 이해한 Job Description을 구체적으로 설명해 주세요.
> · Job Description에서 가장 중요한 부분을 뽑고 그 이유에 대해 말해주세요.
> · 본인이 생각하기에 직무 역량 측면에서 가장 강점인 부분을 뽑고 그 이유에 대해 답변해 주세요.
> · (직무별)전공/전문 지식 및 자격증 관련 질문

C. 인성/태도

> · 평가 항목: 성격, 성실/책임감, 도덕성, 예의/품행, 팀워크, 열정, 도전 정
> 신, 창의성, 실행력, 주인 의식, 소통 능력 등

생각보다 회사 및 직무에 대해 정확히 알고 오는 지원자가 많지 않다. 그렇기에 면접관들은 면접의 준비성을 자기소개, 지원 동기를 통해 파악하고 나아가 지원자의 전반적 준비 사항에 대해 체크한다. 회사 매출액, 영업 이익, 연혁, 회사의 주요 포트폴리오, 직무의 장단점 및 직무와 관련된 본인의 경험 등 큰 틀에서 회사 입사를 위해 꽤 많은 준비를 했다는 인상을 줄 수 있도록 하자.

면접관을 교육할 때 가장 강조하는 것이 첫인상, 후광 효과 등에 민감하게 생각하고 면접 시 유의하라고 하는데, 그만큼 사람들이 첫인상에 많은 영향을 받는다는 것이다. 모든 내용을 외워 완벽하게 말하려고 하면 실수하는 경우가 많으니 전체적인 핵심 단어를 머릿속에 넣고 자연스럽게 이야기하면서 자기소개 및 지원 동기를 언급하는 것을 추천한다.

면접관들이 가장 중요시하는 부분이 인성 및 태도 부분이다. 직무 역량이 아무리 뛰어나다고 해도 결국엔 사람이 같이 어울리면서 업무를 수행해야 하기 때문이다. 그렇기 때문에 면접 시간만큼은 항상 예의 바르고 수용적인 자세로 임하기를 바란다.

[실문 예시]

· 간단한 자기소개를 해 주세요.

· 회사에 대해 아는 대로 다 말해 주세요.

· 우리 회사에 왜 지원했는지 말해 주세요(지원 동기).

· 주변인이 평가하는 본인의 성향/성격은 어떠한지?

· 본인의 이력 및 업무 경험을 위주로 자기소개를 해 주세요(직무 기반 자기소개).

3. 실무 면접 유형 및 탈락 포인트

A. 역량 면접 _ 경험/상황 면접

· 평가 항목: 순발력, 대처 능력, 조직 부합도

역량 근거의 경험 및 상황 면접은 구조화된 면접 질문이다. 신입 지원자에게는 BEI 및 SI 질문을 섞어서 진행하며 경력 지원자에게는 BEI 위주로 질문하는 편이다.

① BEI 유형

BEI(Behavioral Event Interview) 유형은 과거 지원자의 직무 경험을 토대로 미래의 업무 수행 역량 및 직무 적합도를 평가한다.

[중요 포인트]

경험 면접은 직무 관련 경험이 많은 지원자가 유리할 수밖에 없다. 직무 관련 경험이 없다면 관련 유사 경험을 토대로 답변할 수 있도록 준비해야 한다. 실제 경험이 없는데 경험 관련 질문을 받게 되면 솔직하게 그러한 경험이 없다고 대답을 하고, 그럴 경우 본인의 대응 방안에 대해 답변을 하는 것이 좋다.

② SI 유형

SI(Situational Interview)는 직무와 관련된 현실적인 시나리오 딜레마를 통해 진원자의 생각을 듣고 그에 대해 평가한다. 이 유형의 질문은 지원한 해당 직무에서 겪는 딜레마적 상황이나 정말 어려운 상황을 제시하는 경우가 많고, 실제 입사 후에도 겪게 될 일이 많다. 뚜렷한 정답이 없어 답변하기 곤란하고 어려울 수 있으나 가장 최선이라고 생각되는 답변을 순간 생각하고 그에 대해 적절한 이유를 제시하여야 한다. 순간 답하기 어렵다면 잠깐 시간을 달라고 한 뒤에 본인의 생각을 정리하여 차분하게 답변하면 좋은 평가를 받을 수 있을 것이다.

[중요 포인트]

상황 면접의 질문은 관련 경험을 했더라도 뚜렷한 답이 없기에 답변을 구성하는 게 쉽지만은 않다. 그럼에도 최선의 답변을 생각해 보고 그에 대한 근거를 합리적으로 제시해야 한다. 실제 담당자로서 겪는 고충이나 어려움에 대해 사전 숙지하는 것이 중요하며, 본인의 가치관, 생각, 판단에 기반하여 답변을 구성하시기 바란다.

[질문 예시]

· 핵심 고객(기업)이 일부 무상 Warranty(품질 보증) 연한이 지난 제품에 대한 무상 보증을 요구한다면 엔지니어로서 그에 대해 어떻게 대응하겠는가?

· 같이 근무하는 동료가 업무 역량은 우수하나 지각이 잦은 편으로 가끔 고객 미팅에 늦는 등 불편한 일이 발생하고 있다. 동료로서 어떻게 하겠는가?

· 여러 부서장 및 담당자가 함께하는 미팅 일정을 잡았는데 필참 대상자인 주요 담당자가 다른 일정이 생겨 미팅에 참여가 어렵다고 한다. 미팅 주관자로서 어떻게 대응하겠는가?

[탈락 유형]

· 대부분 공감할 수 없는 합리적이지 않은 답변

· 본인의 생각과 판단이 아닌 교과서적 답변을 하는 경우

· 제시된 상황에 대한 충분히 이해 없이 단편적인 답변을 하는 경우

질문의 의도를 생각하고 그에 대한 답변을 준비하는 방법밖에 없다. 전반적인 직무에 대한 이해를 넓히고 나아가 본인이 그에 얼마나 적합한 사람인지 표현하는 데 본인의 경험을 접목시키는 방안을 생각해 보자.

B. PT 면접

> · 평가 항목: 설득력, 논리력, 분석 능력, 콘텐츠 구성 및 창의성, 발성/ 제스처, 발표 태도, 자신감 및 순발력, 문제 해결 능력, 결론, 유의미성 등

기본적으로 직무 적합도를 평가하는 요소로, 직무와 관련된 주제에 대해 사전에 주제를 주고 준비하게 하는 사전 준비형, 당일 자료를 주고 간단한 발표를 준비하는 당일 준비형으로 나뉘게 된다. 면접관 입장에서는 실제 업무를 할 때에도 업무 자료를 잘 해석하여 주어진 문제를 잘 해결해 나가는지, 그리고 본인, 팀, 부서의 의견을 정리해서 잘 말할 수 있는지 확인하는 것이 핵심이다. 기승전결의 스토리텔링을 잘 구성하고 중간중간 핵심 포인트를 잘 짚어 주는 게 중요하다.

> **[중요 포인트]**
> PT 면접은 면접자별 차이가 뚜렷하게 드러나는 편이다. 기승전결의 스토리텔링을 잘 구성하고 중간중간 핵심 포인트를 잘 짚어 주는 게 중요하다. 본인이 PT 면접을 준비하면서 이러한 탈락 유형에 속하는지 한번 생각해 보기 바란다.

[탈락 유형]

· 서론 본론 결론 중 시간 분배가 한 쪽에 너무 치우친 경우

· 스토리텔링 없이 중구난방으로 내용이 구성된 경우

· 자기의 생각과 소신, 판단이 없고 단순 정보, 사실을 나열하는 경우

· 면접관과의 교감 없이 PT만 보고 글을 읽는 경우

· 스크립트를 모두 외우고 발표하던 중 순간 내용을 까먹어 당황하는 경우

· 주제에 대한 'Why & How'에 대한 논리적 설득력이 부족한 경우

· 면접관 질문에 당황하여 동문서답하는 경우

상기에 3개 이상 속한다고 판단하는 경우 연습에 연습을 거듭할 수밖에 없다. 다른 주변의 우수 발표 사례를 참고하여 PPT 구성에 투자하고 시뮬레이션을 계속해야 한다.

C. 토론 면접

· 평가 항목: 설득력, 논리력, 경청 및 공감, 적극성, 합리성, 문제 해결 능력, 의사소통, 협조성, 조직 적응, 임하는 태도

보통 면접장 도착 후 토론 주제를 제시하고 이에 대한 찬반 근거를 작성하도록 준비하는 시간을 준다(토론 면접을 진행하는 장소에서 보여 주고 즉각적인 대응을 요구하는 곳도 있다). 토론은 찬성, 반대, 사회자 등의 역할을 나누게 되는데, 그 역할에 맞는 입장을 구성해야 하며 집단 토론의 경우 찬성/반대 내에서도

기조 발언, 마무리 발언을 진행할 역할 대상자를 선별하여야 한다.

짧은 시간 내에 토론 주제 숙지, 기조/마무리 발언, 찬반 근거 등을 준비해야 하기에 제시된 토론 주제의 대립/갈등의 포인트를 단시간에 이해하고 이에 대한 본인의 적합한 주장과 의견, 그리고 그에 대한 근거를 논리적 순서에 따라 표현하는 것이 핵심이다.

[중요 포인트]

우리가 흔히 TV에서 보는 토론과 같이 자기 입장과 주장에만 입각하여 상대방의 말을 무시하고 말을 끊는 등의 모습은 최악의 평가를 받을 수 있으니 주의해야 한다. 아래 탈락 유형에 본인이 속하는지 판단해 보자.

[탈락 유형]

· 상대방의 반대 주장에 아무런 대응을 못 하는 경우

· 토론 주제에 대해 잘못 이해하여 논거가 어긋난 경우

· 근거 부족으로 똑같은 근거로 계속해서 말을 되풀이하는 경우

· 본인의 주장과 의견이 토론 과정에서 바뀌어 일관성이 떨어지는 경우

· 상대방의 논리적 빈틈에 대해 공격적인 발언이나 과격한 언행을 하는 경우(아무리 논리적으로 합당하더라도 태도 자체에서 최악의 평가를 받게 됨)

상기에 2개 이상 속한다고 판단되면 이 역시 연습에 연습을 거듭할 수밖에 없다. 최근의 각종 토론 주제를 보면서 첨예하게 대립하는 포인트를 찾고 주장의 근거, 그리고 반박에 대한 재반박 근거를 계속해서 생각하고 내용을 정리해 보아야 한다.

D. In-Basket 면접

> · 평가 항목: 문제 이해력, 설득력, 논리력, 문제 해결 능력, 우선순위 분류

　면접관 입장에서 실제 지원자가 입사하여 일을 할 때 문제 상황에 어떻게 대처하는지가 가장 궁금한 사항이다. 실제 업무를 하게 되면 다양한 상황이 동시다발적으로 발생하고 순간 임기응변으로 대응해야 하는 상황이 많이 발생한다.

　In-basket 전형은 이러한 실무에서 직면하게 되는 다양한 상황을 주고 이에 대한 지원자의 문제 해결 능력을 파악하는 데 주목적이 있다. 실제 현장에서 일어나는 상황을 이메일/자료 등을 토대로 문제를 구성하여 해당 대상자가 어떠한 방식으로 문제를 해결할지 답변을 듣는 방식이다.

[중요 포인트]

　실제 In-Basket 전형을 진행해 보면 문제 자체를 잘 이해 못 하거나 전형 취지에 대해 잘 이해하지 못해 답변이 천차만별로 나오게 되며, 이러한 전형에서 우수한 점수를 취득한다면 대부분 총괄 면접 점수에서 우수한 평가를 받는 편이다. 그러므로 이러한 특이한 전형을 운영하는 경우 해당 회사에서 많은 관심과 준비를 통해 지원자를 평가하고자 하는 것이기 때문에 더욱더 개인적으로 많은 준비를 하기를 당부한다.

[질문 예시]

(아래와 같은 과제 혹은 상황이 여러 건 주어지고 이를 조합하여 답변 작성)

당신은 생신 출하 담당자이며 고객과 제품 납기 관련 대응 업무를 하는 담당자이다. 현재 제품 납기가 23년 1월 6일 금요일 오후 1시로 설정되어 있으나, 공정 기술 담당자로부터 공정 불량에 따른 생산품 불량 발생으로 납기일 조정을 요청받은 상황이다. 생산 출하 담당자로서 각 유관 부서 및 고객에게 대응하는 방안을 제시하시오.

신입 직원에게 가장 우려되는 것은 유관 부서와의 커뮤니케이션 방법을 잘 알지 못해 발생하는 문제이다. 문제 상황에 대한 정확한 파악과 커뮤니케이션의 우선순위를 설정하고 그에 대한 본인의 판단 근거를 적절히 제시하여야 한다.

[탈락 유형]

· 합리적인 결론을 도출 하지 못하는 경우

· 문제 해결의 판단 근거가 부족하거나 적절하지 않은 경우

· 우선순위에 대한 개념이 없이 중구난방으로 대응책을 마련한 경우

· 문제 자체를 잘 이해 못 하거나, 전형 취지를 잘 이해하지 못한 경우

· 직무에 대한 이해 부족으로 현실과 너무 괴리가 큰 답변을 제시한 경우

이 또한 마찬가지로 상기에 2개 이상 속한다고 판단되면 연습에 연습을 거듭할 수밖에 없다. 직무에 대한 이해를 넓히고 본인이 업무 수행의 담당자가 되었을 때 발생하는 문제 상황을 생각해 보고 그에 대한 대응 방안을 계속해서 생각해 보는 연습을 해야 한다. 단, In-basket 전형의 경우 일부 기업에서 매우 제한적으로 실시되고 있는 점을 참고하기 바란다.

E. 필기/실기 시험

· 평가 항목: 직무에 필요한 충분한 실무 지식이 갖추어져 있는지 확인하기 위해 필기/실기 시험을 진행

서술형 혹은 선다형 문제를 제출하여 평가를 진행하는 필기시험, IT/SW 엔지니어 등이 진행하는 실기 시험(코딩 테스트)을 진행하기도 한다. 직무 관련 사항 혹은 전공 지식을 묻는 경우가 많기 때문에 대략적으로 본인이 최대한 예상 출제 문제를 구성하여 이에 대한 답변을 적어 보는 연습을 하는 것을 추천한다.

[중요 포인트]
필기시험은 최소한의 점수를 획득해야 한다는 것을 명심하자. 아무리 면접을 잘 보더라도 필기시험에서 낙제점에 가까운 점수를 받으면 최소 기준 미달에 따라 탈락 처리가 될 수도 있다. 그렇기에 일단 잘 보는 수밖에 없고 최선을 다해 끝까지 필기시험에 임하기를 바란다.

우수 면접자 2명이 필기시험에서 낮은 점수를 받았고 점수 역시 비슷했다. 그러나 A는 1시간의 제한 시간 동안 끝까지 고심하며 문제를 풀었고, B는 30분도 되지 않아 본인이 망했다고 판단하고는 필기 시험장을 나가 버렸다. 점수는 비슷했지만 끝까지 노력하는 모습에 A가 임원 면접 대상자로 분류되었다. 이처럼 사소한 것일지라도 평가의 차등을 둘 만한 요소로 바뀔 수도 있으니 항상 끝까지 노력하는 모습을 보이도록 해야 한다.

4. 주요 면접 질문

A. 자기소개를 해 주세요

1분 이내로 간략히 본인의 강점 또는 지원 동기 위주로 말하면 된다. 이력서에 있는 내용을 모두 5분 정도로 요약해서 말하라는 분도 있는데, 그렇게 오랫동안 인내하며 듣고 있을 면접관들은 많지 않다.

계속 반복해서 말하지만, 외국계 기업에서 듣고 싶어 하는(1분) 자기소개의 내용은 '왜 이 직무, 이 회사에 지원하는가? 어떤 역량과 경험이 있고, 그것을 어떻게 우리 회사에 기여할 것인가?'이다. 상대가 듣고 싶은 말은 이것뿐인데, 자신의 신상 정보에 대해서 쭉 나열하듯이 말하면 듣는 면접관들은 금세 흥미를 잃게 될 것이다.

B. 왜 우리 회사에 지원했나요?

채용 담당자 입장에서 지원 동기에 대한 질문의 의미는 회사에 대해 얼마나 조사했는지 확인하는 것이 아니라 직무 역량에 대한 준비도를 묻는 것이다. 즉, 지원하는 회사에 얼마나 기여할 수 있는지에 대한 질문을 지원 동기라는 말로 치환하여 묻고 있는 것이다. 이러한 질문의 의미를 이해

한다면 이에 대한 답변은 회사의 위상에 대한 언급뿐만 아니라 본인의 강점을 바탕으로 본인이 기여할 수 있는 부분을 잘 설명해 주는 것이 핵심이다.

"직무상 요구하는 능력 사항을 보았을 때 본인의 경험을 기반으로 충분히 잘해 낼 수 있고 기여할 수 있다고 판단하여 지원하였습니다."

 Tip
회사 홈페이지/소셜네트워크/지원 회사 재직자/ 최근 6개월 이내 뉴스 검색/
회사 및 지원 직무와 본인의 경험 매칭

C. 본인의 강점은?

태도적인 부분과 지식, 기술적인 부분에 대해 말하면 되는데, 태도적인 부분은 팀플레이, 문제 해결 능력, 커뮤니케이션 스킬에 대한 본인의 강점을 사례를 곁들여 말하고, 지식, 기술적인 부분인 직무에 필요한 전공 지식, 자격증 및 툴을 잘 다룰 수 있는 능력 등에 대해 역시 좋은 결과가 있었던 사례를 들어가며 말하면 좋다.

D. 이력서상의 ○○ 경험 부분에 대해 자세히 얘기해 주세요

면접관들은 주요 직무 경험 중에 주요 성과를 이룬 부분에 대해 구체적으로 듣고 싶어 한다. 사전에 그에 대한 스토리를 요약, 준비하는 것이 필요하다.

E. 왜 우리가 ○○ 씨를 뽑아야 하나요?

본인을 PR할 수 있는 기회를 주는 부차적인 질문이다. 직무상 본인의 강점에 대해 말하면서, 이를 통해 회사에 이렇게 기여할 수 있다는 식으로 말하면 된다. 본인의 강점 2~3개와 직무 핵심 역량 2~3개 정도를 준비하면 질문에 잘 대답할 수 있다.

F. 직무를 수행함에 있어 ○○ 씨만의 주요 기술이나 경험은 어떤 것이 있나요?

남들에게 없는 본인만의 것이 있다면 제일 좋겠지만, 그렇지 않다면 같은 기술, 경험이라도 남들보다 더 내세우거나 강조할 부분이 있다면 자신 있게 말하면 된다.

G. 3년/5년/10년 뒤의 당신의 모습은?

커리어 목표에 대한 질문인 3년/5년/10년 뒤의 회사에서의 업무 역할 범위 등에 대해 본인이 조사한 범위 내에서 말하면 된다. 글로벌 임원이 되어서 회사와 시장을 이끌어가겠다는 식의 너무 먼 미래와 추상적인 말보다는 3년, 5년, 10년 안에 실현 가능한 이야기를 구체적으로 자신 있게 대답하면 된다.

H. 전공 혹은 직무 관련 단어 및 용어 정의에 대한 질문

간단한 질문일 수 있지만 순간 여러 사람 앞에서 단어나 용어를 정의하려면 잘 떠오르지도 않고 어떻게 설명해야 할지 막막한 경우가 생기곤 한다. 그래서 면접 전에 본인이 지원한 직무에 대한 핵심 단어나 용어에 대해서는 본인 나름대로 정의할 수 있는 수준이 되어야 한다.

가령, 본인이 품질을 관리하는 지원자라고 하면 "품질 관리, 품질 기획, 품질 보증, 품질 개선"이라는 단어를 듣고 이에 대한 정의를 즉각적으로 하고 서로를 비교하여 말할 수 있어야 한다.

I. 이전 직장을 퇴사한, 또는 현 직장을 퇴사하려는 이유는 뭔가요?

면접관들이 이전 직장에서 퇴직 및 이직 사유에 대해서 궁금해하고, 알고자 하는 필수 질문이다. 보통 동료, 상사들 간의 갈등 및 불화, 과중한 업무로 인한 스트레스, 워라밸, 출산 및 육아 문제, 통근 시간, 승진, 연봉 인상, 자기 계발 등의 이유일 것이다.

이 중에 동료, 상사들 간의 갈등 및 불화 및 이전 직장의 불만을 너무 솔직히 말하면 면접 시에 감점의 요인도 될 수 있다. 물론 합격 후에 평판 조회를 통해서 알 수도 있으니, 적정한 선에서 답변할 필요가 있다.

이전 직장에서의 긍정적 면도 부각시켜 주고, 본인의 커리어 개발 및 업무 역량 확대 등으로 긍정적이고 생산적인 답변을 준비하면 좋다.

J. 희망 연봉은 얼마인가요?

신입은 기본적으로 회사 내규라고 하는 것이 좋은데, 숫자로 꼭 얘기를 하라고 한다면 연봉 사이트 등을 사전에 확인하여 그 수준으로 말하면 된다. 단, 말미에는 협의 가능이라고 여지를 남기는 것이 좋고, 신입은 급여를 받으며 배우는 입장이기에 연봉보다는 이 기회가 더 중요하다고 말을 끝맺으면 좋은 인상을 줄 수 있다.

경력자는 해당 회사의 연봉을 미리 파악해서 그 기준으로 얘기하는 것이 좋고, 연봉 정보 파악이 어렵다면 현재 연봉 대비 10% 전후 올린 정도를 얘기하고, 마찬가지로 협의 가능이라고 여지를 남기는 것이 좋다. 경력의 경우는 연차를 떠나 직무 역량, 경험치에 따라 다양한 케이스들이 존재하므로 관련 내용은 [Chapter 7-1. 협상] 파트에서 자세히 알아보겠다.

K. 마지막으로 하고 싶은 얘기나, 질문이 있나요?

없으면 '특별히 없다'고 얘기하면 되는데, 그것보다는 회사와 직무에 대한 관심, 의지를 나타낼 수 있는 질문 한두 가지 정도는 준비하는 게 좋다. 또한, 마지막 질문에서 연봉 및 복지 관련 질문은 하지 않는 것이 좋고, 면접하는 동안 조금 더 어필 못 한 부분을 말하거나 직무상 궁금한 부분에 대해 묻는 것이 좋다.

5. 면접에서 유의할 점

A. 면접 전

① 면접 시간 10~15분 전에는 면접장에 도착

면접장에 일찍 도착하면 긴장된 마음을 가다듬을 여유가 있고, 필요한 양식을 작성할 수 있으며, 또 이것이 회사에 대한 예의다. 그렇다고 30분, 1시간씩 너무 일찍 도착하는 것은 또 예의가 아니다. 외국계 기업은 시간 단위로 쪼개서 일을 하기 때문에, 약속 시간도 거의 정시에 가깝게 도착하는 것을 좋아한다. 회사에 일찍 도착했다고 하더라도 외부에서 대기하다가 10~15분 전쯤 면접장에 입실하는 것이 좋다.

② 회사 문을 들어서는 순간부터 면접은 시작된다

사내에서 마주치는 사람 중 누가 내 면접관일지, 향후 같이 일하게 될 선배 동료일지 모른다. 따라서 이동 중에도 바른 자세와 밝은 표정을 유지하는 것이 좋다. 뒤에서 얘기하겠지만 첫인상이 매우 중요하기 때문이다.

③ 복장은 정장

외국계 기업은 오픈 마인드라서 꼭 정장이 아니라도 깔끔하게만 입고 가면 된다는 분들이 더러 있다. 기본적으로 면접관들은 누구인가? 작게는 몇 년 차 선배도 있겠지만 많기는 아버지와 동년배 되시는 임원분도 있다. 기본적으로 보수적인 성향이 있는 한국인들뿐 아니라 외국인들도 복장은 면접에 있어 기본예절이라 생각한다.

일례로 이전 회사 과장급 면접에서 정장 상의 대신 코트만 입고 온 면접자가 있었는데, 임원 한 분이 기본이 안 되어 있다면서 탈락을 시킨 적이 있었다. 물론 회사마다, 사람마다 다르겠지만, 굳이 모험을 할 필요는 없겠다.

④ 면접에 가면서 스펙에 대한 고민은 하지 마라

'스펙이 좋지 않아서 면접에서 떨어질 것 같아요'라는 우려의 소리를 종종 듣는다. 외국계 기업의 면접 시간은 후보자 1인에 대해 짧게는 30분에서 길면 1시간 이상 진행을 한다. 바쁜 현업의 면접관들이 그런 시간을 내는 게 쉽지 않다. 다시 말해서 사전 검토를 철저히 하여 정말 뽑을 의향이 있는 사람만 면접에 부르게 된다. 이미 스펙은 회사가 요구하는 조건에 충족해서 면접 요청을 한 것이기에 서류 통과 후 본인 스펙의 부족함에 대해 생각하는 것은 의미가 없다. 따라서 어떻게 본인의 역량을 자신 있게 어필할 것인지에 대해 고민하자.

B. 면접 시작부터 마지막까지

① 첫인상이 70%

심리학자들은 상대를 처음 만났을 때 3~5초 만에 상대의 70~80%를 본능적으로 판단한다고 한다. 처음 5초는 면접장에 들어서서 면접관과 마주

치는 순간이다. 면접관을 보자마자 밝게 웃으며 인사하면 좋은 인상과 함께 면접을 시작할 수 있다. 아래 메라비언의 법칙과 함께 참고하면 도움이 될 것이다.

② 첫인사는 이렇게

면접관이 면접장에서 먼저 기다리고 있는 경우, 면접자가 문을 열고 들어가자마자 문 앞에서 면접관을 향해 가볍게 묵례(목 인사)를 한다. 면접자가 면접장에서 기다리고 있는 경우, 면접관이 문을 열고 들어오면 바로 일어나서 면접관을 향해 묵례를 한다.

묵례와 목례를 헷갈리시는 분들이 많은데, 아래를 참고 바란다.

묵례(默禮) **[뭉녜]**
명사 말없이 고개만 숙이는 인사.

목례(目禮) **[몽녜]**
명사 눈짓으로 가볍게 하는 인사[3].

---

③ 면접관이 앉으라고 할 때 앉는다

인사 후에 바로 앉지 않고 면접관이 앉으라고 하면 앉는 것이 좋다. 면접관이 들어오는데 일어나지도 않고 앉아 있거나 일어났다가 면접관보다 먼저 앉는다면, 면접관은 속으로 '예의가 없다'라고 느낄 수도 있다.

---

3) 표준국어대사전 참고

④ **메라비언의 법칙**(표정>말투>내용)

캘리포니아 대학교 심리학과 명예 교수인 앨버트 메라비언 박사에 의하면 상대에 대한 인상이나 호감을 결정하는 데 있어 바디 랭귀지(표정, 자세 등)가 55%, 말투, 목소리가 38%의 영향을 미치는 반면, 말의 내용은 7%만 작용한다고 한다. 따라서 면접장에서는 항상 밝은 표정과 자신 있는 말투, 바른 자세를 유지한다.

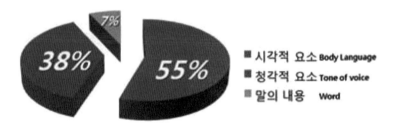

Albert Mehrabian, Professor at UCLA

■ 시각적 요소 Body Language
■ 청각적 요소 Tone of voice
■ 말의 내용　Word

출처: www.ohmynews.com

⑤ **시종일관 자신 있는 태도를 유지하라**

[Chapter 6-4. 주요 면접 질문]과 연결된 내용으로, 틀린 말이라도 자신 있게 얘기하면 맞는 것 같이 들리고, 맞는 말이라도 자신 없게 얘기하면 신뢰가 가지 않는다. 따라서 무슨 얘기를 하더라도 당당하게 하는 것이 좋다.

강의 중간에 학생들에게 목소리에 일부러 힘을 더 주고 자신 있게 "미국의 수도는 뉴욕입니다. 그쵸?"라고 하면 대부분의 학생들이 즉각적으로 고개를 끄덕인다. 일부는 본인이 알고 있는 게 틀린 건가 하는 표정들이다.

자신 있고, 밝고, 당당한 태도가 얼마나 중요한지 잘 생각해 보기 바란다.

⑥ 모르면 모른다고 솔직히 답변

잘 모르는 질문이 나왔다면 애써 설명하려 하기보다 모르는 부분은 명확히 인정하는 것이 좋다. 모르는데 애써 아는 척을 하면 추가 질문이 들어오게 되고 그럼 더 당황해서 면접이 꼬이게 된다.

⑦ 질문의 유형에 따라 적절히 대답하라

면접관이 정치 내지는 사회 문제로 화제를 돌릴 경우, 개인적인 입장을 애써 말하는 것보다는 경청하는 자세가 바람직하다. 민감한 부분을 건드릴 수도 있기 때문이다. 특히 노조가 있는 회사의 경우 '노조에 대한 문제점 및 이슈' 등에 대해 묻는 경우가 있는데, 가능한 '사측'의 입장에서 얘기하는 게 좋다.

⑧ 전 직장 상사와 회사에 대한 비판은 지양

전 직장 상사와 회사에 대한 질문에, 아무리 마음에 안 들었다 하더라도 격한 어조로 얘기하는 것은 좋지 않다. 안 좋은 부분에 대해서는 꼭 얘기할 필요는 없지만, 해야 한다면 있는 사실만 그대로 차분하게 적정선에서 얘기하는 것이 좋다. 앞에 있는 면접관들도 여러분의 상사가 될 분들이니, 이 부분에 대해서 심각하게 얘기하는 건 피해야 한다.

⑨ 적절한 질문을 해라

면접은 일방적인 질문에 답변만 하는 것이 아니라 쌍방의 커뮤니케이션

과정이므로, 궁금한 점이 있으면 바로 질문해도 된다. 단, 급여, 휴가, 퇴직금 등에 대한 질문은 피하는 것이 좋고, 영업직의 경우는 성과와 연관해서 보너스를 질문하는 것은 무난하다.

⑩ 끝 인상도 중요하다

면접관이 자리에 앉아 있는 경우 면접을 마친 면접자는 그대로 문밖으로 나가게 되는데, 이때 등을 보이며 나가는 것보다 문 앞에서 면접관을 향해 묵례를 한 번 하고 나가면 끝까지 예의를 지키는 사람으로 인식된다. 면접관이 자리를 먼저 뜨는 경우, 같이 일어나서 면접관을 향해 묵례하고 면접관이 면접장을 나갈 때까지 정자세로 바라보는 것이 좋다. 면접관이 자리를 뜨는데 가만히 앉아서 쳐다만 본다면 그리 좋은 인상은 주지 못할 것이다. 첫인상도 중요하지만 끝 인상으로 여운을 남기는 것 또한 하나의 포인트를 더 얻을 수 있는 기회이다.

6. 영어 면접 및 예상 질문

　1장에서 설명한 바와 같이 지원하는 직무, 조직 구성에 따라 요구되는 영어 수준이 각기 다르다. 상사가 외국인이거나, 해외 본사 및 지사와 긴밀하게 소통을 해야 하는 직무는 준 네이티브급의 실력을 요구하는 데 반해, 상사가 한국인이고 주로 국내 고객을 대상으로 한국어 업무 위주로 하면서 가끔 해외와 업무상 소통하는 경우 기본적인 비즈니스 회화와 영어 E-mail이 가능한 수준의 실력을 요구한다.

　면접관이 외국인이든 한국인이든 관계없이 직무에 필요한 영어 수준에 기반하여 면접자를 판단하게 된다. 영어가 많이 필요 없는 직무에서 외국인 면접관이 있을 경우, 그 면접관도 그 부분을 감안하여 직무 위주로 평가를 하며 영어는 본인이 알아들을 수준의 영어만 한다면 큰 무리는 없다. 영어가 많이 필요한 직무라면 면접 동안 직무 외에 영어 실력 자체도 평가하게 된다. 물론 여기서도 영어는 네이티브처럼 잘하지만, 실무에 대한 지식, 역량이 기대에 못 미친다면 좋은 점수를 받지 못한다.

　거듭 말하지만 영어 면접에서 가장 중요한 부분은 국어와 마찬가지로 일관된 논리와 전달력이다. 그사이에 발생하는 약간의 문법적 오류 등에 대해 외국인 면접관이나 한국인 면접관은 크게 상관하지 않으니 완벽한 문장으로 말하기 위해 애쓰는 깃보다 본인의 포인트를 전달하는 데 집중하는 것이 좋다.

경험상 외국인들이 가장 싫어하는 한국인들의 영어 습관은 문장마다 '어~', '엄~' 하는 Pause(머뭇거림)이다. 완벽한 문장을 만들기 위해 머뭇거리며 대화의 흐름을 지연시키는 것보다 그냥 내뱉고, 틀리면 고치면서 다시 말하는 편이 낫다.

영어 면접 예상 질문

영어 면접의 질문도 위에서 살펴본 한국어 면접의 내용과 거의 흡사하다. 요지는 지원하는 직무에 대한 경험 및 강점, 지원 동기 등에 대한 내용을 그 형태만 바꾸어 질문한다.

· Tell me about yourself.

· Please walk me through your resume.

· What interests you about our company?

· What are your strengths? Weaknesses?

· How do you stay professionally current?

· What outside activities are most significant to your personal development?

· What do you see yourself doing in five years?

· How do you plan to achieve your career goals?

· Why are you leaving your present position?

· Which is more important to you: money or type of job?

· How do you think a friend, teacher or former employer would describe you?

· Why should we hire you?

· In what ways do you think you can contribute to our company?

· What salary are you looking for?

인터뷰 중에 대답하기 곤란한 질문을 받을 경우가 있는데 이러한 질문에 대하여 적절히 대답하는 법을 살펴보자.

Q. What salary are you looking for?

이와 같이 면접관이 지원자에게 희망 임금을 물어보는 경우가 있는데, 이때는 매우 조심해서 대답해야 한다. 직접적인 대답은 피하고 다음과 같이 우회적인 답변을 하는 것이 좋다.

A. I'm very interested in the position and I'd like to earn as much money as I am qualified to earn. How much income would you feel is fair for someone with my qualifications?

A. Well I am currently at $___, but my main concern is opportunity.

이와 같이 대답하면 임금 협상 여지를 남겨둘 수 있다. 만약 얼마를 받겠다고 구체적으로 얘기하면 자칫 면접관에게 돈에만 관심이 있는 사람으로 비칠 수 있다. 만약 면접관이 적정한 임금을 제시할 경우에는 즉시 수락하는 것이 좋다. 판단하기 곤란한 경우 하루 정도의 여유를 달라고 할 수는 있지만, 오랫동안 고민할 경우, 다른 지원자를 채용할 수도 있다는 것을 잊어서는 안 된다.

Q. Why are you leaving your present position?

A. I enjoy my work, __ is a great company, but this is my current situation __and when I heard about the opportunity here, I wanted to pursue it.

질문에 대한 이해가 부족한 경우, 주저하지 말고 면접관에게 다음과 같이 요청한다. 면접은 취조가 아니라 커뮤니케이션이라는 것을 잊어서는 안 된다.

"Leo, I'm not sure I understand the thrust of your question, and I certainly don't want to appear evasive or unresponsive. Could I ask you to tell me a bit more about what issues or concerns you'd like me to address?"

면접관에게 질문할 수 있는 기회가 주어졌을 때 질문할 수 있는 내용은 다음과 같다.

· What would I be expected to accomplish in this position?

· What are the greatest challenges in this position?

· How do you think I fit the position?

지원하는 직무에 대해 질문하지 않는 것은 흥미가 없기 때문이라고 생각할 수도 있으므로, 기회가 허락한다면 업무에 대한 한두 개 정도의 질문을 던지는 것이 좋다.

7. 면접 이후엔 뭘 하면 좋을까?

Thank you note!

 면접장에서 좋은 태도로 일관하여 좋은 점수를 받는 것도 좋지만, 마지막까지 회사에 대한 열정을 보여 주는 것도 필요하다. 어떻게 해야 할까? 국내에서는 그다지 많이 쓰는 방법은 아니지만 북미와 유럽에서는 흔히 활용하는 것이 바로 'Thank you note'이다. Follow-up letter라고도 부르며, 면접 이후에 면접관들에게 인터뷰 기회를 주어서 고맙다는 감사 인사를 메일로 한 번 보내는 것이다. 보통은 면접 당일 혹은 다음 날에 보낸다. 일주일 정도 후에 너무 늦게 보내면 여러 후보자 중에 기억을 못 할 수도 있으니, 가능한 만 하루가 가기 전에 보내는 것이 좋다.

 블로그 구독자 중에 Thank you note를 보내서 취업에 긍정적인 효과를 본 친구들이 꽤 있다. '면접 이후에 감사 메일을 보내는 사람들이 거의 없는데, 그렇게 보낸 메일이 인상적이었다.'라는 얘기를 입사 이후에 채용 담당자들로부터 들었다고 한다.

 아래는 Thank you note의 영문 예시이며, 한국인 면접관이었다면 한국어로 보내도 괜찮다.

Dear Mr. Viewer

I wanted to thank you for taking the time yesterday to meet with me and for sharing information on your company and the career opportunity available. I found this interview process very informative and useful as a tool for exploring my career path opportunities with Widgets Unlimited.

As we discussed yesterday, it is my belief that my accounting skills and experience would prove to be an asset for your company. I am looking for a career that will utilize my current accounting skills, while allowing me to grow and learn more working with an industry leader who is progressive in the marketplace. After meeting with you and learning more about the company and corporate goals, I believe this would be a successful match for both of us.

Again, it was a pleasure meeting you. I look forward to hearing from you regarding the next step in the recruiting process.

Sincerely,

Ima Candidate

최근에 지인이 재취업을 했있는데, 관련 직무의 공백이 5년이었다. 이전 회사의 경력이 괜찮았는지 면접을 보게 됐고, 면접 이후에 1장짜리 Thank you note를 보냈다. 단순 면접 기회에 대한 감사 인사만 적은 게 아니라, 면접에서 느낀 회사의 문제점, 발전 방향 등에 대해 생각을 정리하여 적었다.

내용은 "면접을 통해 확인해 보니 현재 회사에서 강화해야 부분은 현재 채용 포지션인 SCM이 아닌 Account manager 역할이 더 필요한 것 같고 이유는 ~~이다. SCM 경력 외에 그 경험 또한 몇 년 정도 있으니, 합류하게 된다면 현 산업군에서의 회사의 성장에 ~~하게 기여할 수 있을 것이다."라는 제안서 형식으로 그 포지션에 맞는 새로운 이력서와 함께 보냈었다.

결과는 SCM 팀장 포지션 공고에 지원해서 마침 공석이던 Account manager 팀장으로 채용되었다.

면접을 통한 본인의 솔직한 느낌과 회사가 놓친 부분이 있거나, 본인이 더 기여할 수 있는 부분이 있는데 말을 못 했던 부분이 있다면, 정리를 해서 메일로 보내는 것도 괜찮다고 본다. 면접 시간 안에 본인을 100% 다 보여 줄 수도 없고, 이후 그렇게 정리해서 하나의 리포트 형태로 보내는 정성 자체가 회사와 직무에 대한 열의를 보여 주는 부분이라 어필이 될 수 있다고 본다.

Chapter 7

실전 노하우_

면접 이후 최종 합격까지

1. 협상

최종 면접까지 잘 봤다면 연봉 협상을 하게 된다. 신입의 경우는 대부분 회사 내규를 따르게 되지만, 경력 이직의 경우에는 연차, 직무 역량에 따라 협의하게 된다. 기존에 받던 연봉보다 10% 정도 올려서 협의를 하게 되지만, 직무 중요성 및 후보자의 능력에 따라서 회사 및 업종의 인력 채용 수요 등에 따라서 15%~20%로 협의하는 경우도 있으며, 업종이나 직무를 바꾸는 경우에는 회사의 기본 내규를 바탕으로 협상을 하게 되어서 인상률의 의미가 없어질 수 있다.

A. 지원자의 상황

협상은 지원자의 상황과 면접 분위기 등에 따라 그 주도권과 협상력이 달라질 수 있다.

· 제안을 받고 이직을 하는지

· 현업에 있으면서 이직을 하는지

· 퇴사 후 재취업인지

· 동종 업종과 직무에서 이직을 하는지

헤드헌터나 해당 회사의 리크루터로부터 제안을 받고 이직하는 경우는 아무래도 협상력이 높아진다. 잘 다니고 있는 회사를 이직할 수 있는 명분을 제안하는 회사에 만들어 주려고 노력한다. 따라서 본인이 받고 싶은 연봉을 당당하게 제시하면서 협상을 하면 된다. 재취업의 경우 공백기를 이유로 회사에서는 최대한 직전 연봉 수준에서 맞추려고 할 것이고, 지원자의 경우도 취업이 급하기에 보통 회사에서 제시하는 수준으로 합의하는 경우가 많다.

따라서 이직을 할 때는 힘들더라도 퇴사를 한 후에 하지 말고 현직에 있으면서 하라는 이유가 이 때문이다. 퇴사를 하게 되면 스스로 협상 시에 불리할 수 있다.

직무와 업종이 지원하는 회사와 다소 차이가 있는 경우, 회사에서는 그 부분을 감안하여 경력을 인정하고 그에 준하는 연봉으로 협상을 하게 된다. 협상은 1회로 끝날 필요는 없으며, 후보자와 회사가 서로 금액이 마음에 안 들 경우, 생각을 좀 더 해 보고 언제까지 연락 주겠다고 하며 1차를 마무리 짓는 것이 좋다.

연봉을 너무 높게 불렀을 경우 회사 내부적으로 협의를 한 후에 수용이 가능하다면 알려 줄 것이고, 불가하다면 가능한 범위에서 다시 제안을 할 것이다.

B. 면접장에서의 분위기가 가장 중요하다

위와 같이 지원자의 상황에 따라 협상력이 달라지긴 하지만 아무래도 가장 중요한 건 면접장에서의 분위기다. Hiring 매니저가 후보자를 얼마나 마음에 들어 하느냐가 가장 중요하다. 타 후보자 대비 가장 맘에 들어 하는 사람이 당신이라면 상황이 어떻다 하더라도 당신을 뽑기 위해 노력할 것이다.

예전에 채용을 대행했던 한 소비재 외국계 회사에서 1년 정도 공백이 있던 5년 차 경력자를 뽑은 적이 있었다. 회사에서는 이 후보자를 너무 마음에 들어 했는데, 후보자는 연봉을 직전 연봉 대비 20% 이상 요구했고, 공백기가 있는 상황이면서 회사의 연봉 테이블보다 높은 금액을 요구하였지만, 그 회사는 그 후보자만큼 괜찮은 사람을 찾지 못해 요구 조건을 다 수용하고 채용하였다.

해당 부서의 소중한 한 명을 뽑는 것이기에 후보자가 마음에 들면, 연봉 테이블을 조정하거나 기준 연봉 외에 다른 복지비를 추가해서라도 요구사항을 최대한 맞춰 주려고 노력한다. 반면, 비슷한 후보자들이 많이 있다면 그중에 최대한 낮은 연봉 금액의 후보자를 채용할 것이다. 따라서 그날의 면접 분위기를 잘 기억하여 협상에 임하는 것이 좋다.

면접 후 면접 내용을 노트 필기를 해 두거나 면접 상황에 대해 최대한 기억을 하는 것이 좋다. 면접 내용을 바탕으로 지인 중에 경험이 많은 헤드헌터나 현직자에게 협상 관련 조언을 받는 것도 도움이 된다.

예전에 구독자 한 분이 면접 내용을 알려 주며 상담을 요청하였는데, 그 분은 합격한 회사에서 제시한 연봉 조건보다 높게 제시할지, 아니면 그대로 수락할지 고민을 하고 있었다. 필자는 실무 임원이 이 후보자에게 많은 관심을 가지고 있다는 것을 면접 내용을 통해 파악할 수 있었고, 이후 필자의 조언대로 회사와 추가 협의를 통해 최초 제시 받은 연봉 대비 약 10%를 더 인상하여 입사하게 되었다.

2. 평판 조회 (Reference check)

외국계 기업은 채용을 할 때 거의 마지막 단계에서 평판 조회를 하는데, 평판 조회란 후보자의 학력, 경력, 자격 등의 기본적인 사항부터 과거 회사에서의 인성, 성과, 조직 생활들에 대해 주변인으로부터 확인하는 채용 프로세스의 한 단계이다.

보통 후보자에게 평판 조회를 해 줄 2~4명을 적어서 내라고 하면, 회사는 그분들에게 전화, 이메일 등을 이용하여 평판을 조회한다. 평판 조회를 통해 회사에서 가장 알고 싶어 하는 부분은 그 후보자의 인성, 회사 생활, 실제 직무 역량 및 성과, 퇴사 사유 등이다.

우선 이력서와 면접에서 얘기했던 내용들이 다 맞는지 검증을 하는데, 퇴사자의 경우 퇴사 사유에 대해 적극적으로 질문한다. 만일 퇴사 사유가 직원들과의 불화, 상사와의 마찰, 윤리적 이슈 및 불법 요소 등이라면 회사에서는 아무리 직무 역량이 뛰어난 후보자라고 해도 재고할 것이다.

후보자 중에 상사와의 잦은 마찰로 퇴사를 했는데 평판 조회에서 그 부분이 드러나서 입사가 취소된 사례가 있었고, 심지어는 개인주의가 심했던 후보자에게 평판 조회를 해 주려는 단 한 명의 전 직장 동료가 없어서 곤란을 겪는 사례도 있었다. 따라서 평소 평판 조회를 대비해서 직장 내 동료들과 마찰 없이 잘 지내는 것이 중요하다.

3. 오퍼 레터(Offer letter)

　오퍼 레터란 연봉과 근무 조건, 입사 일정 등에 대해 합의가 끝나면 최종적으로 관련 내용이 들어간 서류를 회사에서 후보자에게 보내 주는 일종의 확약서이다. 신입이든 경력이든 반드시 오퍼 레터 수령 후에 그 내용을 확인 후 입사를 확정지어야 한다. 구두로 합격 통보를 받더라도 반드시 오퍼 레터를 요청을 해야 하며, 그런데도 이런저런 핑계를 대며 주지 않는 회사가 있다면 면접 합격 및 입사 프로세스 진행 상황에 대해 의심을 할 필요가 있다.

　외국계 기업은 종종 글로벌 본사 사정에 따라 채용 건이 갑작스럽게 보류되거나 취소되는 경우가 있다. 구두로 합격을 통보하였으나 오퍼 레터를 발급하지 않은 경우, 입사 전 미안하다는 말과 함께 입사를 취소하는 경우가 생길 수도 있다. 같은 내용이라도 오퍼 레터를 받은 경우는 그것을 근거로 피해 신청이 가능하다. 오퍼 레터 발급 시부터 근로 계약에 준하는 법적 효력이 발생하므로 추후 입사가 취소될 경우 해고와 같은 사유로 피해 보상을 받을 수 있기에, 그 부분을 아는 회사도 오퍼 레터 발급 이후에는 신중을 기한다.

　채용 담당자의 구두 합격 발표만 믿고 퇴사했는데 합격을 증빙할 자료가 없는 경우, 피해는 구직자만 보게 된다. 따라서 반드시 오퍼 레터를 요청하되, 꼭 오퍼 레터 양식이 아니더라도 메일이나 문자로 합의 한 정보를 받아도 그 효력은 동일하니 합격 증빙 서류 혹은 자료를 받아 둬야 한다. 오퍼 레터에 들어가야 되는 내용은 아래와 같다.

A. 필수 항목

- 근무 부서
- 직급/직책
- 인정 경력 년수(안 들어갈 수도 있다)
- 고용 형태(회사에 따라 정규직이지만 언급하지 않기도 한다)
- 입사 일자
- 연봉
- 성과급의 지급 및 평가 방법

B. 추가 항목(입사 시 취업 규칙으로도 확인 가능)

- 사이닝 보너스(입사 축하금)
- 복리후생(식대, 명절, 경조사, 건강 검진)
- 회사 차량 지원, 대학원 학비 보조, 자기 계발비
- 추가 휴가 지원, 국민연금 100% 지원 등

[오퍼 레터 예시]

Dear Brandon

Our company is pleased to offer you the full time position of Assistant manager of marketing.

If you choose to accept, you will be taking the lead on some of our major accounts and providing guidance to the rest of the team. You'll also report to our Manager Young Lee. Your starting date will be March 1, 2023.

The starting salary is 55 million won per year, paid on a monthly basis and performance bonus is Max 20% of Annual salary. Plus, our company offers full medical coverage and 15 days annual leave.

To accept this offer, please sign the attached document and return it to us. We will then be in touch with further details.

Sincerely

Kim

오퍼 레티를 보고 이상이 없으면 그대로 하겠다고 회신을 주면 되고, 혹시 합의한 내용과 다르다면 그 부분에 대해 다시 수정해서 달라고 요청하면 된다. 대표 이사의 직인, 사인이 들어가고 후보자 본인의 사인이 들어간 서류를 각각 보관하는 것이 원칙이지만, 없더라도 메일 수·발신 내역이 근거가 되므로 그것만으로도 효력이 있다고 보면 된다.

오퍼 레터를 수령하지 않고 입사 취소된 사례가 종종 있는데, 다음 장 [Chapter 8. 케이스 스터디]에서 살펴보겠다.

 Tip

경력자의 경우 반드시 오퍼 레터 수령 후 사직서를 제출

4. 수습과 시용(試用)

입사 후에도 탈락한다

채용 공고를 보면 "3개월간의 수습 기간을 거친다.", "3개월간의 시용 기간을 거친다."라는 표현을 봤을 것이다. 인사 노무 관점에서 수습과 시용은 엄연히 다른 것이나 일부 기업에서는 그 차이에 대한 정확한 인지 없이 혼용하여 사용하고 있기 때문에 이 부분에 대한 정확한 인식을 위해 아래 표를 작성해 보았다.

구분	수습	시용(인턴의 개념)
정의	채용 후 지원자 직업 적성과 업무 능력 등을 교육 및 훈련하는 기간으로 '정식 근로 계약이 체결된 근로자'	본채용 또는 근로 계약을 확정하기 전에 일정 기간(시용 기간)을 설정하여 근로 관계에 대한 해약권이 유보된 특수한 근로 관계로 '정식 근로 계약이 체결되기 전'
목적	근로자의 근무 능력이나 사업장에서의 적응력을 향상	정식 근로 계약 전 시용 기간의 근무 적격성 평가
적용 기간	통상 3개월	통상 3~6개월

즉, 수습의 기간은 정식 근로 계약을 한 것이기 때문에 교육 및 적응의 목적을 가지고 운영하는 것이지 정식 근로 계약 전환(시용의 개념)에 대한 평가

를 하는 개념이 아니지만, 실무에서는 '수습 해제'를 이유로 전환 평가의 개념을 가지고 운영하는 경우가 많다.

허나 수습 기간 중이라더라도 정식 근로 계약 상태이기 때문에 수습 기간의 해고 역시 업무 능력 부족, 근무 태도 불량 등의 단순 사유만으로는 해고의 정당성을 인정받기 힘들다(객관적 사실의 입증 필요).

근로기준법 제30조에 의해 사용자는 정당한 이유 없이 근로자를 해고할 수 없으며, 해고의 정당한 이유가 있는지는 사회통념상 당해 근로자와의 계속적인 근로관계 유지를 기대할 수 없을 정도의 사정이 있는지에 따라 개별적·구체적 사안별로 판단하여야 하는 것임. 다만, 수습 사용 기간은 당해 근로자가 앞으로 담당하게 될 업무를 수행할 수 있는가에 관하여 그 능력 등을 평가하여 본채용 여부를 결정하기 위한 기간으로서 해고를 정당시할 수 있는 이유의 범위가 정상 근로자의 경우보다 넓다.

다만 회사의 입장에서는 수습 기간의 평가를 통해 본채용을 거부할 수 있다는 사실을 명시해야 하기 때문에 아래와 같은 문구를 계약서에서 확인할 수 있을 것이다.

"수습 기간 중 성과가 기대에 미치지 못할 경우 본채용을 하지 않을 수 있습니다."
"수습 기간은 3개월이며, 사업주의 판단에 따라 6개월까지 연장할 수 있습니다."

최근에는 국내와 외국계 기업을 가리지 않고, 신입의 경우 보통 상기와 같이 3개월의 수습 기간을 거치며 경력직의 경우도 3개월의 수습 기간을 명시해 두는 경우가 많아졌다. 근로자 입장에서는 수습 기간에는 업무에 대한 교육 및 훈련을 받는다는 개념으로 수습 해제를 최우선으로 삼아 업무 적응에 최선을 다하면 되며, 해고에 대한 우려를 너무 크게 하지 않아도 된다.

그럼에도 불구하고 최악의 경우 수습 기간 만료 전 해고를 통보받게 될 수도 있는데 아래 사항에 대해 살펴보도록 하자.

> 제26조(해고의 예고) 사용자는 근로자를 해고(경영상 이유에 의한 해고를 포함한다)하려면 적어도 30일 전에 예고를 하여야 하고, 30일 전에 예고를 하지 아니하였을 때에는 30일분 이상의 통상임금을 지급하여야 한다. 다만, 다음 각 호의 어느 하나에 해당하는 경우에는 그러하지 아니하다. <개정 2010. 6. 4., 2019. 1. 15.>
> 1. 근로자가 계속 근로한 기간이 3개월 미만인 경우

출처: 근로기준법 [시행 2021. 11. 19.] [법률 제18176호, 2021. 5. 18., 일부개정]

단, 수습 기간 중 30일 전 해고 예고를 하지 않더라도 근로기준법 23조에 의거 정당한 사유가 있어야 하며, 27조에 의거 그 사유에 대해 서면통지를 해야 한다.

세23조(해고 등의 제한) ① 사용지는 근로자에게 정당한 이유 없이 해고, 휴직, 정직, 전직, 감봉, 그 밖의 징벌(懲罰)(이하 "부당해고등"이라 한다)을 하지 못한다.

제27조(해고사유 등의 서면통지) ① 사용자는 근로자를 해고하려면 해고사유와 해고시기를 서면으로 통지하여야 한다.

② 근로자에 대한 해고는 제1항에 따라 서면으로 통지하여야 효력이 있다.

출처: 근로기준법 [시행 2021. 11. 19.] [법률 제18176호, 2021. 5. 18., 일부개정]

구두 등 서면 외의 방법으로 행한 해고

서면으로 통지하지 않고 구두 등으로 해고를 통보한 경우에는 「근로기준법」 규제 제27조제2항에 따라 절차적 정당성을 갖추지 않은 것으로서 구두 해고통보는 무효로 보고 있습니다.

출처: 찾기 쉬운 생활법령정보

위 근로기준법은 5인 이상의 사업장에만 적용을 하며, 5인 미만이라면 적용받지 못한다.

상기 설명과 같이 수습 기간 중이더라도 해고가 쉽지만은 않은 것이 사실이지만, 그럼에도 3개월간의 소위 '허니문 기간'에 회사의 기대치를 충족하지 못하면 해고를 하려고 하는데, 보통 이쯤 왔으면 회사와 싸우기보다는 확실한 개선 의지를 보여 주든지 아니면 서로 맞지 않다는 것을 인정하고 나와서 새로운 곳을 찾는 것이 좋다고 본다.

이와 같이 정규직만 고집했다가 정작 정규직 입사 후 수습 기간을 채우지 못하고 퇴사를 하는 안타까운 경우가 종종 있으며, 반대로 인턴, 계약직으로 입사를 했지만 기대 이상의 역량을 보여 주어 정규직으로 전환되는 사례도 있다.

따라서 외국계를 준비할 때 고용 형태도 중요하지만 그보다는 입사 후 어떻게 하느냐가 더 중요하다. 관련 사례는 다음 장 [Chapter 8. 케이스 스터디]에서 자세히 살펴보도록 하겠다.

♀ TIP

· 구두로 통보하는 것은 불법이며, 정당한 사유에 대해 반드시 서면으로 통보받아야 한다.

· 회사에서 해고를 하면서 사직서를 쓰라고 하는 경우, 사직서를 먼저 쓰는 경우 자발적인 퇴사가 되므로 서면 통보 전에 먼저 사직서를 제출하면 안 된다.

· 사회 경험이 없는 신입의 경우 회사의 위력에 의해 본의 아니게 먼저 사직서를 내고 나와서 이후 필자에게 억울함을 호소하는 경우가 종종 있는데, 누군가와 상담이 필요하다면 상황 종료 전에 하는 게 좋다.

Chapter

케이스 스터디

1. 500대 1 경쟁률의 회사, 무혈입성

인턴 자리 하나를 두고도 수백 명의 지원자가 몰리는 유명 소비재 회사에 수도권대를 나온 K 씨는 제안을 받고 정규직으로 입사에 성공했다.

3년 전 처음 저자를 찾아왔던 K 씨.

"외국계 기업에 가고 싶은데, 학벌과 영어 실력이 좋지 않아도 외국계 기업에 갈 수 있을까요?"

"갈 수 있어요. 단, 한 번 우회해서 가는 게 어떨까요?"

필자의 조언대로 준비했던 직무로 먼저 기회가 온 국내 회사에서 경력을 쌓고 만 2년이 넘어가는 시점부터 이직을 준비했는데, 그때부터 링크드인과 피플앤잡에 올려놓은 프로필을 보고 꽤 많은 이직 제안을 받았다. 그중 한 군데가 지금의 회사다. 신입으로 들어가려면 국내 최고 대학을 나와도 경쟁률에서 밀리는데, 2~3년 경력을 잘 쌓으면 원하는 곳에 좋은 조건으로 입사할 수 있다.

따라서 첫 직장에 너무 연연하지 말고, 5~10년 정도 내다보고 직무 경력을 어떻게 쌓을 것인가를 먼저 고민하자.

2. 계약직 입사 3개월 만에 정규직을 제안받다

한 유럽계 소비재 기업에 6개월 계약직으로 입사를 한 A 씨, 3개월 만에 정규직 제안을 받았다고 연락이 왔다. 채용 당시에는 정규직 포지션이 없어서 계약직으로 입사했는데, 중간에 공석이 생겨 그 자리로 가게 되었다고 한다.

외국계 기업의 경우, 현재 일하고 있는 인턴, 계약직 직원의 역량이 괜찮다면 정규직 TO가 생길 경우 바로 추천하는 경우가 많다. 반대로 회사의 기대에 미치지 못한다면, 계약 기간까지만 함께한다. 따라서 들어가서 하기 나름이다. 단기 계약직이라도 배우고자 하는 열의가 강하고 성실하며 예의 바른 직원은 대부분의 회사들이 다 좋아할 것이고, 그것이 어떻게든 좋은 끈으로 작용한다.

아래는 실제 그 구독자에게 받은 카톡 내용이다.

이번 계약직에서 정규직으로 전환된 비결이 뭐라고 생가하세요?

음 마침 공석이 생겨서 운이 좋았던게 사실 가장 큰거 같구요ㅎㅎ 하나 있다면 배우려는 태도가 가장 어필되었던거 같아요. 예를들어 제품 교육 pt는 제 업무는 아니었지만 하겠다고 어필해서 나름 잘 진행했던 경험이 있어요. 매출분석도 배워서 했었는데 하나하나 업무 영역을 넓혀갔던게 도움된 것 같아요!

오전 7:20

3. 신입 정규직, 수습 3개월 만에 해고 통보

외국계 기업 신입 정규직 수습 3개월 만에 해고 통보를 받은 B 씨. 이유를 물어보니 본인은 시키는 일을 충실히 했고 잘못한 게 없는데, 회사에서 일방적인 해고를 진행했다고 했다. 평소 했던 업무 내용에 대해 한번 들어보니, 그럴 만한 이유는 있어 보였다.

B 씨의 회사는 한국에 진출한 지 얼마 되지 않아서 대표와 직원들 간에 긴밀하게 소통을 하고, 대표는 본사 출장을 자주 가는 상황이었다. 따라서 급하게 확인이 필요한 사항이나 지시가 있을 경우에 그때그때 메일이나 카톡으로 보냈는데, B 씨는 항상 업무 외 시간에는 회신을 하지 않고 업무 시간에만 회신했다고 한다. 이를 당연하게 생각한 B 씨는 가령 주말에 대표가 카톡으로 문의가 오면 월요일에 답변을 하면서 신입 3개월을 보냈다고 했다.

대표가 업무 외 시간에 카톡이나 메일을 보낸 데는 잘못이 있지만, 신생 회사고 대표가 해외에서 연락을 하면서 시차가 발생한 부분 등을 좀 감안해서 유연하게 대처했더라면 어땠을까 하는 생각이 든다. 해외의 경우에도 급한 사항이라면 Boss의 Order는 업무 시간 이외에도 처리를 해 주는 것이 일반적이기도 하기에, 업무상 꼭 필요하다면 업무 외 시간일지라도 대응하는 것이 좋다.

4. 들어 보지 못한 회사, 가도 될까요?

feat. 대주주가 한국 오면 대통령이 영접하는 기업

"헤드헌터한테서 제안이 왔는데, 생전 처음 듣는 회사예요. 이런 데 가도 괜찮을까요?"

회사의 이름을 물어보니 세계 4대 화학 회사(중동 최대)이면서, 세계 최대의 석유, 천연가스 기업인 사우디 국영기업 '아람코'의 자회사인 '사빅'이었다. 이곳의 대주주인 빈살만 왕세자가 한국에 오면 어떻게 되는지 최근 메인 뉴스를 통해 다들 봤을 것이다. 각설하고, 한국에 오면 대통령과 국내 주요 대기업 총수들이 영접하는 그런 기업도 B2B 기업이나 외국계 기업에 관심 없는 취준생에게는 '듣도 보도 못한~' 취급을 받는 것이 현실이다.

5. 계속되는 서류 탈락, 이력서 한 장으로 줄이고 합격

"도대체 왜 서류 통과조차 되지 않는 거죠? 학벌, 영어, 자격증, 경력, 모든 게 지원하는 회사에 적합한데!"

이력서를 좀 보자고 해서 봤는데, 솔직히 눈에 거의 들어오지 않았다. 글이 너무 많은데다가 경력의 순서도, 문장도 두서가 없어서 읽기 매우 힘들었을뿐더러, 더구나 그 양이 다섯 장이나 되었다.

"경력과 경험이 많아서 많이 적고 싶은 마음은 이해하지만, 읽는 사람 생각도 좀 해 주시는 게 좋을 것 같아요. 한 장으로 줄여 보세요."

도저히 그렇게 하지 못하며 머뭇거리는 그를 대신해 필자가 자르고 줄여 한 장으로 만들어 줬고, 그다음 날부터 바로 서류가 통과되기 시작했다.

경력이 아무리 좋더라도 표현을 잘하는 것이 중요한데, 그 방향은 '본인이 쓰고 싶은 내용'이 아니라 '상대(회사)가 듣고 싶은 내용'이 되어야 하고, 나 혼자만 지원하는 것이 아니니 읽는 사람을 생각해서 내용은 JD의 우선순위 중심으로 간결하게 한 장으로 하는 것이 좋겠다.

6. 고스펙자, 온라인 평판 조회에서 탈락

스펙과 경력이 지원하는 회사와 꼭 들어맞는 후보자 C 씨, 면접 이후에도 지원한 회사로부터 매우 긍정적인 평가를 들었는데, 면접 다음 날 회사로부터 C 씨를 추천한 필자에게 연락이 왔다.

"이분은 채용이 어려울 것 같아요."
"아주 긍정적으로 평가를 하셨는데, 무슨 이유인지 물어봐도 될까요?"
"글쎄요, 그 답변은 드리기가 어려울 것 같습니다."

집요하게 물으니 그냥 인터넷을 한번 검색해 보라고 했다. C 씨의 이름을 검색하니, 그의 SNS가 떴고 그가 만든 글과 영상이 다수 올라와 있었다. 제목을 보니 현재 회사의 방향성과 반대되는 내용이 주를 이루었다.

요즘은 채용 담당자들이 평판 조회 단계에서 후보자 이름으로 검색을 한 번씩 하는데, 거기서 합·불이 갈리는 경우가 종종 발생한다.

[Chapter 3-5. 외국계 기업이 좋아하는 인재(SPEC)는?]에서 살펴본 바와 같이 온라인 활동만을 보고 입사 제안을 하기도 하니, 취업을 앞둔 상태라면 SNS도 전략적으로 관리할 필요가 있다.

7. 입사 이틀 전 채용 취소, 오퍼 레터만 있었다면!

유명 외국계를 다니던 D 씨, 이직하기로 한 다른 외국계 회사로부터 입사 이틀 전에 일방적인 입사 취소 통보를 받았다고 한다. 합격 통보를 받고 바로 퇴사하였고 입사까지 2주 정도의 시간이 남아서 즐겁게 해외여행까지 다녀왔는데 입사 전전날 이런 날벼락 같은 소식을 들었다고 한다.

"혹시 오퍼 레터는 받았나요?"
"아뇨, 전화로만 얘기했어요."

이미 외국계 기업 경력이 있는 필자의 오래된 블로그 구독자들도 이런 실수를 한다. 세미나, 강의, 블로그에서도 '선접수, 선면접'과 함께 수시로 강조하는 부분이 오퍼 레터다. 가장 큰 피해를 본인 혼자 질 수 있는 부분이므로 반드시 챙겨야 한다.

구두로만 통보한 그 회사도 문제지만, 자신의 권리는 알아서 챙겨야 한다. 오퍼 레터를 받았다면 이런 일 자체가 발생하지 않았을 가능성이 높고, 설사 발생하더라도 관련 피해 보상을 받을 수 있었을 것이다.

단 몇 주 사이에도 상황은 변할 수 있다. 글로벌 본사의 채용 정책이 갑자

기 바뀌거나, 회사 상황이 안 좋아져서 채용이 보류되거나 취소되는 사례
는 종종 발생한다. 하지만 오퍼 레터를 발행한 경우는 회사에서도 문제가
발생할 소지가 있으므로 웬만하면 약속을 이행하지만, 구두로만 한 약속
은 언제든지 어렵지 않게 파기될 수 있음을 꼭 인지하기 바란다. [Chapter
7-3. Offer letter 참고]

8. 아르바이트에서 정규직 전환

　필자가 급하게 자료 정리가 필요해서 2개월짜리 아르바이트생을 구했는데, 엑셀을 잘하는 학생을 소개받아 업무를 시켜 본 적이 있었다. 단순 2개월짜리 아르바이트였지만 기대 이상으로 자료 정리를 잘하여서, 눈여겨보고 있다가 2개월이 다 되어 갈 때쯤 계약직 제안을 했었고, 그 후 1년간의 계약직 이후 또 놓치기 싫을 만큼 좋은 퍼포먼스를 보여 줘서 정규직으로 전환시켰다.

　이렇게 아르바이트라도 업무상 좋은 역량을 보여 준다면 언제든지 더 나은 기회가 주어질 수 있다는 것을 꼭 명심하길 바란다.

9. 완벽한 후보자, 면접 때 이것 하나 때문에 탈락

한 외국계 소비재 회사의 마케팅 경력 포지션에 필자가 후보자를 추천했고, 그 회사는 경력이 너무 마음에 든다며 당장 면접을 보자고 했다. 사실 그의 스펙과 경력 모두 면접을 보는 회사를 압도할 만큼 괜찮은 후보자여서 통과가 당연시되었다. 그도 그렇게 생각했는지, 아주 당당하게 면접에 임했다고 한다.

면접 다음 날 회사로부터 연락이 왔다.
면접 내용은 매우 좋았으나, 채용은 하지 않겠다고 하였다.
필자가 들은 그 이유에 대한 짧은 답변.

"면접 때 운동화를 신고 왔더라고요~"

넥타이를 매지 않아서 탈락하고, 코트만 입고 와서 탈락하는 등 복장 때문에 탈락하는 경우가 종종 발생한다. 외국계라 개방적일 거라 생각해서 복장에 대해 신경 쓰지 않는 사람이 있을 수 있으나, 면접에서만큼은 복장 예절을 갖추는 것이 중요하다.

10. 계약직 퇴사 후, 내부 추천으로 정규직 입사

3년 경력 포지션, 6개월 인턴 경력으로 합격

한 유명 외국계 화학 회사에 6개월간 계약직으로 업무를 수행한 G 씨. 6개월 계약 만료 후에 다른 외국계 회사의 계약직으로 연결되어 재직 중이었는데, 2개월 후 그전에 다녔던 회사로부터 정규직 오퍼를 받았다고 한다.

6개월간 다니면서, 6개월만 일하다 나갈 사람이 아닌, 앞으로 계속 일할 사람인 것처럼 이것저것 알아서 챙기고 물어보고 배우며 누구보다 열성적으로 일했다고 한다. 그렇게 업무를 잘 처리해 주니 6개월이 되기도 전에 이미 그 부서에서는 없어서는 안 될 사람이 되어 있었다고 한다.

계약이 만료되어 어쩔 수 없이 이직하게 되었는데, 한두 달 후 정규직 공석이 생기자마자 바로 직원들의 추천으로 면접을 보고 입사하게 되었다. 그 포지션이 3년 차 이상 경력직 포지션이었는데도 직원들의 강력한 추천으로 면접이 성사되었고, 면접에서도 현재 경력 이상의 뛰어난 모습을 보여 주며 합격했다고 한다.

"인턴, 계약직은 그 기간에 회사와 면접을 볼 수 있는 좋은 기회를 얻은 것이다."

필자가 세미나에서 자주 하는 얘기다. 30분~1시간 면접에서 다 보여 주지 못한 역량을 시간을 두고 충분히 보여 줄 수 있는 그 기회를 최대한 살리는 것이 중요하다.

필자가 겪은 수많은 케이스 중 일부만 발췌를 했는데, 더 많은 사례는 필자의 블로그 내 '구독자 취업수기'에서 만날 수 있다. 구독자들이 실제로 카톡과 메일로 보내 준 살아 있는 이야기들을 들을 수 있으니 참고하면 도움이 될 것이다.

---

https://blog.naver.com/leegk243

Chapter

9

FAQ

Q. 해외 대학 출신(미국 주요 주립대)**이면 취업 시 가산점을 얼마나 더 받을 수 있나요?**

직무별 혹은 Hiring manager별로 차이가 있으나 보통 해외 대학 출신이라 하여 가산점을 별도로 주지 않는다. 다만, 외국어를 많이 사용하는 직무(해외 영업, 재무 회계 등)의 경우 해외 대학 출신을 선호하기도 한다.

Q. 왜 헤드헌터가 서류를 보고 수정해 달라고 하나요?

헤드헌터는 대부분 두 가지를 체크한다. 첫째는 국문 이력서 및 자기소개서, 영문 이력서 및 커버 레터의 기본 작성 방법으로 잘 되어 있는지 확인한다. 둘째는 회사에서 요구하는 직무 기술, 역량과 지원자의 직무 기술, 핵심 역량을 매칭해 보고 보완해 달라고 하는 경우가 있다.

이것을 바탕으로 지원자의 강점을 파악해서 회사에 추천하며, 해당 직무의 강점이 더 잘 보이도록 수정을 요청하는 것이므로 이러한 경우에는 헤드헌터의 의견을 존중하는 것이 바람직하다.

Q. 서류 합격은 며칠 후에 알려주나요? 서류 합격인지 물어보면 안 되나요?

대부분 수시 채용을 하고 있기 때문에 내부 사정에 따라 합격/불합격 발표는 달라진다. 채용 플랫폼 혹은 시스템이 잘 갖추어져 있고 채용 전담 담당자가 있는 경우에는 합격/불합격 발표가 적절한 일정에 맞게 이루어지나, 그렇지 않은 경우에는 합격/불합격 발표가 늦거나 불합격 발표는 하지 않는 경우도 있다. 후자의 경우 서류 마감 이후 2~3주가량 지났는데도 연락이 없으면 합격 가능성은 낮은 편이라 할 수 있다.

따라서 합격/불합격 여부를 꼭 확인하고 싶으면 서류 마감 2~3주 이후에 정중하게 채용 담당자에게 서류 합격 여부를 물어보기 바란다.

Q. 면접에서 연봉을 물어보면 안 되나요?

회사마다 다르겠지만 면접 과정에서 물어볼 필요는 없다고 생각하며, 면접관이 연봉에 대해서 모르는 경우도 있을 수 있고, 연봉 정보를 노출하는 리스크를 회사가 가지려고 하지 않는 것이 일반적이다. 면접 과정에서 언급한 연봉 정보는 바로 SNS 등에 올라갈 수 있기 때문이다.

캐주얼한 분위기로 진행하는 면접이라면 분위기를 봐서 적당한 범위를 탐색해 볼 수도 있지만, 합격한 이후에 조율 과정에서 연봉 협상을 하면 되는데 면접 과정에서 연봉을 물어봐서 리스크를 안을 필요는 없다고 생각한다.

Q. 외국계에는 고인물이나 꼰대들이 없나요?

외국계는 수평적이고 조직 문화가 좋고 국내 기업은 수직적이고 조직문화가 나쁘다는 이분법적 사고는 바람직하지 않은 것 같다. 외국계 기업의 조직 문화가 수평적인 것은 사실이지만, 그 안에 일하는 사람은 한국 사람들이기 때문에 기본적으로 여러분들이 생각하는 고인물이나 꼰대가 분명 있을 수 있고, 회사 내에서도 부서나 팀별로 다를 수 있다.

Q. SKY 나왔는데 외국계 취업 시 연봉은 얼마를 받을 수 있나요?

외국계 회사는 석/박사급을 필요로 하는 컨설팅 직무, 고급 기술직 등을 제외하고는 스펙 및 학벌을 고려하지 않는다. SKY나 석사라는 스펙이 직무의 역량을 의미하는 것은 아니라서 연봉과는 관계가 없으며, 대부분의 회사들이 스펙을 이유로 연봉을 다르게 책정해서 기존 직원들과 분란을 만들기를 원하지 않는다.

Q. 연봉은 세후로 계약하나요?

명목세율은 모두 구간별 동일하나, 개인별 실효세율은 가족 구성, 소비 지출, 각종 절세 적용 여부에 따라 각기 다를 수밖에 없다. 그렇기 때문에 일부 전문직, 임원 외 세후로 연봉을 계약하는 것은 매우 드문 케이스이다. 연봉은 세전을 기준으로 계약하는 것이 기본이다.

Q. 기본급이 높게 연봉 계약을 하는 것이 유리한가요?

회사의 연봉은 고정급과 변동급으로 나누어지는데, 고정급의 근간은 당연히 기본급이며 기본급을 높게 계약하는 것이 유리하다. 기본급을 기준으로 연봉 인상률이 적용되거나 기본급을 기준으로 성과금이 산정되는 경우가 많다. 또한 야근 수당의 기준이 되는 통상 시급의 대부분은 기본급이 차지한다.

따라서 기본급 비중이 높은 계약이 유리하며 변동급의 경우 상황에 따라 말 그대로 변동될 수 있는 것이기 때문에 플러스알파로 생각하는 게 좋다.

고정급

직무 또는 실적 등의 기준을 바탕으로 정해진 보수를 성과와 무관하게 지급하는 금액 [ex] 기본급, 약정 연장 수당, 고정 상여, 식대, 출퇴근 수당, 차량 수당, 육아 보조 수당 등

변동급

개인 혹은 조직의 성과(매출, 영업 이익, 생산량 등)에 따라 개인 혹은 조직에게 차등 지급되는 금액 [ex] 야근 수당, 성과급, 비정기적 상여

Q. 현재 받는 연봉을 말할 때 야근 수당을 넣어도 되나요?

연봉의 경우 모든 당사자가 서로 오해하지 않도록 정확하게 이야기하는 것이 중요하다. 계약 연봉은 얼마이고 통상 적용되는 보너스 금액을 말한 뒤 야근 수당과 같은 부가적인 사항을 말하는 게 좋다. 본인의 기본급이 5,000만 원이라 말했는데 실제로 확인 시 야근 수당을 합하여 계산된 금액이라면 채용 담당자는 단순 실수로 보지 않고, 엄격한 경우 채용 결격 사유로 볼 수도 있다.

급여 협상 시 채용 담당자가 확인하는 사항은 전년도 원천징수영수증 및 고정급, 변동급 확인을 위한 최근 3개월 급여명세서, 계약 연봉을 확인하기 위한 근로계약서 등이기 때문에 모든 급여 사항을 다 파악하여 오퍼 레터(최종 처우 조건 제시)를 작성하는 편이다.

Q. 공모전이나 서포터즈는 취업에 중요한 SPEC인가요?

공모전의 경우 취업에 중요한 스펙이 되기도 하지만, 공모전 사이트나 카페에서 말하는 것처럼 중요한 것은 아니다. APP이나 IT 개발 관련 공모전에서 본인이 주체가 되어 수상하여 그 과정에서 얻어진 경험을 직무와 관련된 경험으로 연결한다면 좋은 평가로 이어질 수 있다.

서포터즈와 같은 활동은 특별히 인상에 남을만한 서포터즈가 아니라면 중요 스펙으로는 간주되기 어려울 듯하다. 다만 서포터즈 활동을 통해 시작된 활동이 꾸준히 몇 년간 지속된 경우에는 좋은 평가로 받을 가능성도 있다. 어느 분야에 대한 정보를 SNS를 통해 공유하고 그에 대한 지식을 쌓는 것은 누구나 좋게 보는 편이다.

Q. 유명한 회사에 근무하면 취업에 좋은 SPEC이 되나요?

채용 담당자 입장에서는 유명한 회사에 근무한 것을 눈여겨보는 것은 사실이다. 그렇기에 본인 이력 관리에 도움이 된다고 말할 수는 있으나, 다만 그보다 더 중요한 것은 직무 경험이다. 지원한 업종 및 직무와 본인의 현재 직무와의 연관이 있는지가 더 중요하며, 근무 기간 중 어떠한 업무를 경험했는지가 중요하다. 단순히 대기업이나 유명 기업에 근무했다는 것은 SPEC이 되지 못한다. 앞에서 여러 번 언급한 것처럼 대기업 및 유명한 회사보다는 오히려 중소기업 근무 경험자가 더 잘 적응할 수 있다. 외국계 회사는 멀티태스킹을 잘하는 직원을 선호한다.

Q. 서류에서 탈락하는 건 지방대라서 그런가요?

공기업 및 일부 대기업의 경우 블라인드 채용을 진행하고 있는 것이 사실이지만,

대부분의 기업에서는 학벌에 따른 평가를 아예 배제한다고 말하기는 힘들 것 같다. 그러나 '학벌만' 가지고 서류 필터링을 진행한다고 말하기는 어렵다. 학교나 자격증 같은 스펙보다 더 중요한 것은 본인이 지원하는 직무에 적합한 직무 경험을 가지고 있고, 회사에 얼마나 어울릴 수 있는가이다. 본인이 충분한 직무 경험이 있고, 이러한 경험을 이력서 및 자기소개서에 잘 녹여서 작성해서 어필한다면, 학벌에 상관없이 서류 합격을 할 수 있다.

Q. 한국 지사에서 해외 그룹 본사 또는 APAC 본부로도 갈 수 있나요?

외국계 기업은 Potential 있는 인재들을 Talent Pool(인재풀)에 선정해서 성장 및 육성 프로그램에 의해서 관리한다. 본인이 직무에 성과가 좋고 검증이 된다면 APAC Region 본사 및 그룹 본사에 지원할 수 있는 기회를 얻을 수 있지만, 그것은 어느 정도 직급이 되고 능력이 검증된 이후에 가능하다.

Q. 해외 취업도 스펙을 보나요?

해외 기업으로의 취업도 스펙보다는 업무 전문성 및 열정과 도전 정신이 더 중요하며, 해외 기업의 현실은 생각하는 것과는 차이가 상당히 클 수 있다. 취업의 목적이 몇 년간 해외를 경험하고 싶은지, 해당 지역에 정착하고 싶은지 등을 명확하게 해야 하며, 급여나 처우가 한국보다 좋은 미국, 싱가포르 등의 지역은 취업에 필요한 비자의 발급이 어렵다는 것도 감안해야 한다.

외국계가
더
쉬워

에필로그

들어 보지도 못한 외국계 기업, 무늬만 외국계 기업?

그건 전혀 중요하지 않다.

많은 취준생이 구글, 아마존처럼 많은 사람이 인지하고 연봉도 높은 회사를 원하지만, 현실은 그러한 회사의 입사 기준은 높고 기술직 중심으로 회사가 돌아가기 때문에 신입으로 사무 관련 직무로 취업하는 것은 아주 어렵다. 국내 시장의 비중은 글로벌에서 1~3% 정도에 불과해서 대부분의 외국계 회사들이 한국 시장에 큰 비중을 두지 않고, 심지어 APAC과 한국의 관리에 들어가는 비용을 고려하여 국내 법인의 설립을 하지 않으려는 경우도 있다. 신입 입장에서는 취업에는 유명하지 않고 무늬만 외국계라고 하더라도 소중한 일자리이다. 비록 입사한 회사가 유명하지 않은 그저 그런 회사일지라도 외국계의 평판이 업계에서 좋은 경우가 있으며, 회사에 입사하여 직무 경험을 쌓고 본인의 개인적 노력이 더해지면 몇 년 후에 이직을 할 수 있기 때문이다.

커리어의 처음부터 원하는 모든 것을 얻을 수 있다면 얻어야 하겠지만, 그러한 상황이 아니라면 전략적으로 조금씩 우회하여 접근하는 방법을 찾는 것도 좋다. "처음에 좋은 회사에 입사를 못 하면 좋은 회사로 입사하는 것은 불가능하다."라는 잘못된 정보가 있는데, 이는 틀렸다. 일을 잘하고 평판이 좋다면 내가 어디서 근무했는지는 중요하지 않다.

따라서 신입의 입장에서는 직무 경험을 최우선으로 삼고 외국계 기업뿐만 아니라 본인 경력에 발판이 될 국내 기업도 잘 찾아보는 것을 권한다. 숨겨진 좋은 국내 기업들도 많다.

Top Tier 외국계만 목표로 하는 분들이 있는데, 인생은 높은 산을 올라가는 것과 같아서 빠른 지름길로 갈 수도 있지만 대부분은 산을 서서히 올라간다.

국내 기업의 경우에도 외국계와 비슷한 기업 문화를 가지고 있는 경우도 있고, 비록 딱딱하고 다소 경직된 조직이지만 커리어에 크게 도움이 되는 경우도 있다. 예를 들어 센드버드, 몰로코와 같이 국내 스타트업이지만 해외에 본사가 있고 해외 사업을 주로 하는 회사들도 있으며, 메디트와 같이 회사가 급성장하면서 대기업이 인수하는 경우도 있다. 지금 당장의 회사 모습도 중요하지만, 앞으로의 성장 가능성을 보고 숨겨진 좋은 국내 기업들에도 도전하시기 바란다.

즉, 취업 시장에 처음 도전하는 분들이라면 국내, 외국계 따지지 말고 직무와 산업군 내에서 기회를 찾아야 할 것이며, 이직을 준비하는 분들은 대기업에 다닌다고 자만해서는 안 되고, 중소기업에 다닌다고 위축될 필요도 없다. 현재 상황에서 더 나은 미래를 그리고 그에 맞는 노력을 기울이면 미래에 어떻게 될지는 아무도 모른다. 어디까지나 직무 역량에 포커스를 맞추고 자기 계발을 꾸준히 하면 분명 기회는 올 것이며, 기회가 왔을 때 도전하고 부딪혀 보길 바란다.

외국계가 더 쉬워

2판 1쇄 발행 2023년 2월 16일
지은이 브랜든, 곰선생, 이전무, 테리킴, 에디켓

교정 신선미   **편집** 윤혜원   **마케팅** 이진선

펴낸곳 (주)하움출판사   **펴낸이** 문현광

이메일 haum1000@naver.com   **홈페이지** haum.kr
블로그 blog.naver.com/haum   **인스타** @haum1007

ISBN 979-11-6440-294-6(13320)

좋은 책을 만들겠습니다.
하움출판사는 독자 여러분의 의견에 항상 귀 기울이고 있습니다.
파본은 구입처에서 교환해 드립니다.